科学出版社普通高等教育"十三五"规划教材
教育部高等学校水产类专业教学指导委员会推荐教材

普通高等教育海洋渔业科学与技术专业系列教材

渔业船舶概论

初文华　主编

科学出版社
北　京

内 容 简 介

本书系统地介绍渔业船舶相关的基础知识，涵盖船体几何形状、船体结构、渔业船舶基本性能、渔业船舶轮机、渔业船舶电气、渔业船舶设备等理论基础知识。通过学习，学生可以初步掌握渔业船舶的基本构造与原理。

本书适用于海洋渔业科学与技术、船舶与海洋工程、渔业机械等相关专业的本科生，为其今后深入学习渔业船舶的相关知识打下良好基础，同时也为其今后的海洋渔业、渔业船舶、渔业机械等相关工作应用积累一定的理论基础。

图书在版编目(CIP)数据

渔业船舶概论/初文华主编. —北京：科学出版社，2021.6
普通高等教育海洋渔业科学与技术专业系列教材
ISBN 978-7-03-068477-6

Ⅰ.①渔⋯ Ⅱ.①初⋯ Ⅲ.①渔船－船舶原理－高等学校－教材 Ⅳ.①U674.4

中国版本图书馆 CIP 数据核字（2021）第 053758 号

责任编辑：朱 灵 罗 娟/责任校对：杨聪敏
责任印制：黄晓鸣/封面设计：殷 靓

科学出版社出版
北京东黄城根北街16号
邮政编码：100717
http://www.sciencep.com

江苏句容市排印厂印刷
科学出版社发行 各地新华书店经销

*

2021年6月第 一 版　　开本：787×1092　1/16
2021年6月第一次印刷　　印张：9 3/4
字数：234 000

定价：60.00元
（如有印装质量问题，我社负责调换）

普通高等教育海洋渔业科学与技术专业系列教材
《渔业船舶概论》编委会

主　编	初文华
副主编	王永鼎　陈锦淘　崔秀芳 钱卫国　韩青动
编　委	初文华　王永鼎　陈锦淘 崔秀芳　钱卫国　韩青动

普通高等教育海洋渔业科学与技术专业系列教材编写委员会

主　　　任	黄硕琳（上海海洋大学）
常务副主任	陈新军（上海海洋大学）
副　主　任	唐　议（上海海洋大学） 唐衍力（中国海洋大学） 邱盛尧（烟台大学）
委　　　员	张国胜（大连海洋大学） 周文礼（天津农学院） 齐遵利（河北农业大学） 宋伟华（浙江海洋大学） 颜云榕（广东海洋大学） 郭玉清（集美大学）
秘　　　书	邹晓荣（上海海洋大学）

前　言

　　自有人类以来，捕捞渔获的现象也就伴随出现。捕捞水中的鱼类是寻找食物的一种途径。显然，生活在海边的古人类必然捕捞海中的鱼类或其他海洋生物以充当食物，而渔船则成为他们向海洋索取食物的必要工具。据考证，早在新石器时代就有了渔船这种用于捕鱼的工具，或者说出现了渔船雏形，即独木舟式的渔船。

　　历经几千年的发展，渔业船舶在外形、材质、结构、设备、功能等各个方面都已经发生了翻天覆地的变化。渔业船舶属于海上工作船，是海洋捕捞或者说是向人类提供海洋中蛋白质的重要工具，同时也是船舶的重要船型之一。在海洋上航行的100总吨以上的船舶中，从数量上来看，渔业船舶约占1/4。渔业船舶与大型运输船舶相比，虽大多属于小型船舶，但因其设备复杂，对性能要求高，在世界上各海洋渔业发达的国家，渔业船舶的研究、设计与制造工作都占有一定地位，以期在海洋渔业生产中获得良好的效益。此外，在历次战争中也证明渔业船舶能够起到相当重要的作用。

　　本书的第一、三、四、五、八章由初文华编写，第二章由陈锦淘、钱卫国编写，第六章由王永鼎编写，第七章由崔秀芳编写。全书插图由韩青动协助检查核对，最后由初文华统一整理定稿。

　　本书的出版得到上海海洋大学一流本科建设引领计划项目的资助，在撰写过程中参考了较多学者的相关著作，并得到胡明埨教授的悉心指点，在此表示诚挚的谢意。

　　渔业船舶领域涉及的相关基础理论及规则规范要求多而复杂，而作者的学术水平又有一定的局限性，因此在本书中难免存在不妥之处，恳请读者对本书以及我们的工作予以批评指正。

编　者

2021年3月

目　　录

前言

第一章　绪论······1
　　第一节　引言······1
　　第二节　世界渔业船舶发展史······2
　　第三节　中国渔业船舶发展史······6
　　思考题······13

第二章　渔业船舶的类型······14
　　第一节　渔业船舶的分类······14
　　第二节　渔业生产船······15
　　第三节　生产性渔业辅助船······22
　　第四节　非生产性渔业辅助船······25
　　思考题······27

第三章　渔业船舶的形状及主尺度······28
　　第一节　船体形状与主尺度······28
　　第二节　尺度比与船型系数······33
　　思考题······35

第四章　船体结构及连接······36
　　第一节　船体强度······36
　　第二节　钢质船体结构及连接······38
　　第三节　木质船体结构及连接······51
　　第四节　玻璃钢船体结构及连接······57
　　思考题······61

第五章　渔业船舶的性能······62
　　第一节　浮性······62
　　第二节　稳性······64
　　第三节　抗沉性······71
　　第四节　快速性······73
　　第五节　耐波性······78
　　第六节　操纵性······80

第七节　使用性能 …………………………………………………… 84
　　思考题 ……………………………………………………………… 85

第六章　渔业船舶轮机 ……………………………………………… 86
　　第一节　渔业船舶轮机概述 ………………………………………… 86
　　第二节　渔业船舶用柴油机 ………………………………………… 92
　　第三节　汽油机与舷外挂机的安装要求 …………………………… 94
　　第四节　轴系与螺旋桨 ……………………………………………… 95
　　第五节　船舶辅助机械 ……………………………………………… 103
　　思考题 ……………………………………………………………… 115

第七章　渔业船舶电气 ……………………………………………… 116
　　第一节　电力系统 …………………………………………………… 116
　　第二节　电源 ………………………………………………………… 118
　　第三节　发电机组 …………………………………………………… 120
　　第四节　蓄电池 ……………………………………………………… 121
　　第五节　配电装置 …………………………………………………… 122
　　第六节　船舶电网 …………………………………………………… 125
　　第七节　船舶电气负载 ……………………………………………… 126
　　第八节　照明系统 …………………………………………………… 127
　　第九节　电热器具和电炊设备 ……………………………………… 128
　　第十节　船舶电气设备的安装 ……………………………………… 128
　　思考题 ……………………………………………………………… 133

第八章　渔业船舶设备 ……………………………………………… 134
　　第一节　舵设备 ……………………………………………………… 134
　　第二节　锚泊及系泊设备 …………………………………………… 135
　　第三节　渔捞起货设备 ……………………………………………… 138
　　第四节　消防设备 …………………………………………………… 139
　　第五节　救生设备 …………………………………………………… 141
　　第六节　航行及信号设备 …………………………………………… 142
　　思考题 ……………………………………………………………… 144

主要参考文献 ………………………………………………………… 145

第一章 绪 论

第一节 引 言

渔业船舶属于海上工作船,是海洋捕捞或者说是向人类提供海洋中蛋白质的重要工具,同时也是船舶的重要船型之一。在海洋上航行的100总吨以上的船舶中,从数量上来看,渔业船舶约占1/4。渔业船舶与大型运输船舶相比,虽然大多属于小型船舶,但其设备复杂,对性能要求高。因此,在世界上各海洋渔业发达的国家,渔业船舶的研究、设计与制造工作都占有一定位置,以期在海洋渔业生产中获得良好的效益。

此外,在历次战争中也证明渔业船舶能够起到相当重要的作用。例如,第一次世界大战中欧洲各国曾以高价向日本购买舷拖网渔船改作军用。第二次世界大战中,英国军队在敦刻尔克用渔船进行大规模撤退。日本渔船于1942年4月及时发现美国航空母舰偷袭日本本土,从而降低了空袭的损失。

不同类型的船舶都有其各自的具体任务和技术要求。渔业船舶属于特殊工作船,其任务更加复杂。由于种类繁多,技术要求也不同。渔业船舶的主要任务可概括如下:

(1) 从事水产动植物的捕捞、养殖与采集;

(2) 对捕得的渔获物进行保鲜、加工、储藏;

(3) 把渔获物及加工后的成品运回基地港;

(4) 与海洋捕捞直接有关的辅助性工作,如资源调查、试验、练习、指导、巡逻、运输等服务。

各类渔业船舶除有既定的任务外,还有若干技术经济要求。首先是营运方面,要在一定的作业条件下,有最高的捕捞效率,提供优质鱼品,成本也最低。在技术经济要求方面,涉及的面很宽,而且彼此之间往往互相制约和矛盾。需要在渔业船舶设计过程中,进行综合技术经济论证,从中选择较佳方案。

以捕捞渔船为例,在捕捞渔船的技术要求及任务中,捕捞对象、渔具渔法、保鲜方式、作业半径、作业渔场、单位渔获量等是主要内容。一般按上述项目就能决定渔船的船型大小、航速、主机功率、鱼舱容积、自持力、渔捞设备、加工设备以及其他辅助机械。实际每一项主要技术要求都对渔船本身有很大的影响。例如,渔具渔法一项,若已定下采取拖网方法进行捕捞,则就决定了设计渔船主机应有较大的功率,推进特性类似拖轮;从设备上说,必须配置大功率的拖网绞机。再如,保鲜方式一项,若采用冻结保鲜渔获物,则电站功率要大,且应有足够的加工面积,进而影响船型大小;在设备上,必须配置冻结装置,安装大功率制冷压缩机。

各类渔业船舶的技术要求,除使用方面的内容外,还涉及安全的内容,主要包括:船体结构和舾装;锚泊设备;起卸设备;救生及消防设备;主机、辅机及其他机械设备;干舷、载重线、最大吃水;稳性及装载情况;居住场所及卫生条件;导航和通信设备;灯光及音响设施;装载非安全物品的方式;船长和船员的技术水平等方面。

渔业船舶的技术要求，多以国际上的条约、规则以及有关规范作为依据。国际条约有《国际海上避碰规则》《世界渔船安全条约》《国际船舶载重线公约》《国际海上人命安全条约》等。规范有《钢质海船建造规范》《海船救生设备规范》《海船无线电设备规范》《海船起货设备规范》《海船稳性规范》等。渔业船舶检验机构以有关条约和规范为依据，对渔业船舶进行检验，并颁发各项证书，主要包括：主、辅机等设备合格及安全证书；通信设备出厂及安全证书；锅炉及空气瓶证书；锚、锚链、起卸设备证书；干舷证书；船舶丈量证书；防火设备证书；信号灯试验证书；救生艇及救生圈证书；卫生及排污设备证书；救生设备说明；装载及稳性说明；舵设备证书；破舱安全性说明；渔捞、保鲜、加工设备安全操作说明等。

由于渔业船舶船型大小、作业海区、作业方式不同，证书项目有增有减，但主要内容必须具备。另外，船上还应持有与渔业船舶结构、性能有关的主要技术资料。要保证安全性，除应满足条约和规范要求外，还必须加强对船员的技术教育。

第二节　世界渔业船舶发展史

自有人类以来，捕捞渔获的现象也就伴随出现。因为古人类的日常主要活动有二，一是抵御野兽的侵袭以保证人身安全，二是寻找食物以维持生命。捕捞水中的鱼类自然是寻找食物的一种途径。显然，生活在海边的古人类也就必然捕捞海中的鱼类或其他海洋生物以充当食物。据考证，早在人类蒙昧时期的新石器时代就有了渔船这种用于捕鱼的工具，或者说出现了渔船雏形，即独木舟式的渔船（图1-1）。

"独木舟"的绵延年代十分久长，据有关资料记载，到春秋战国晚期才出现木板拼装船（拼板船），如图1-2所示。后发明了船上用的风帆（风篷）。社会的发展使原始狭小的"独木舟"，逐渐向宽敞的"拼板船"模式演变。随着生产力的发展，渔业船舶的设备不断更新，同时渔业船舶的发展也促进捕捞技术的发展。渔业船舶的设计与制造和捕捞技术一直平行地发展。

图1-1　浙江省博物馆陈列的萧山跨湖桥遗址出土的我国最早的独木舟（摄影：杨兴斌/FOTOE，张瑜，2018）

图 1-2　木板拼装船（李二和，2008）

古代的海洋渔船作业与航行区域已经相当可观。德国的布兰德经过详细调查后，认为古代大洋洲的渔民曾驾驶船只，带着各种渔具，最远到达过马达加斯加或南美洲等地。

捕鲸也是人类较早的一种活动，如公元前 1000 多年，美索不达米亚的亚述国王提格拉特-帕拉沙尔（Tiglath-Pileser）一世就曾经用弓箭射杀鲸鱼。12 世纪，沿岸的捕鲸形成了一种产业。15 世纪，由于游向近岸的鲸鱼减少，人们开始采用帆船式的捕鲸船捕鲸，猎捕工具为手投铦。17 世纪中叶，在北美洲出现了帆船式母船捕鲸，以猎捕露脊鲸为主。18 世纪初又发展了以捕猎抹香鲸为主的母船式帆船进行作业，猎捕工具仍以手投铦为主，以小船作业，母船并不大，仅能载几头抹香鲸。随着帆船的大型化，到 18 世纪中叶，母船式帆船捕鲸业达到全盛时期，用于捕鲸的母船式帆船吨位达 300～400t，1842 年全世界捕鲸帆船达 880 艘。从历史来看，风帆渔船中捕鲸船的尺度是较大的。

世界上渔业船舶大规模发展还是蒸汽机应用在船舶上之后。1882 年，英国舷拖网渔船开始动力化，后在欧洲、美洲、亚洲等地区也发展起来。

渔业船舶动力化的出现使得舷拖网渔船（图 1-3）在世界上风行一时。舷拖网渔船是在船舷一侧设有网板架进行单船拖网作业的渔船。英国、法国、挪威、德国、苏联、波兰、日本等国都建造过，总长有超过 70m 者。

图 1-3　舷拖网渔船（引自船舶数字博览馆）

内燃机虽然 20 世纪初就已应用于渔船，但大规模使用内燃机渔船并取代蒸汽机渔船还是 20 世纪 50 年代的事。内燃机是一种动力机械，它是通过使燃料在机器内部燃烧，并将其放出的热能直接转换为动力的热力发动机。常见的有柴油机和汽油机，将内能转化为机械能，通过做功改变内能。

随着渔业船舶动力化的出现，远离基地港的渔场作业的情况也增多了。这时，渔业船舶尺度虽有所加大，但鉴于在风浪中作业，海损事故亦有所增加。因此，德国劳氏船级社于 20 世纪初开始对渔业船舶的稳性进行研究。

为便于长期在海上作业，20 世纪 30 年代冷冻渔获的加工基地船随之出现。采用这种基地船形式的捕捞作业方法最早是法国人在 16 世纪于纽芬兰渔场实行的，目的在于延长海上作业时间。基地船向捕捞船供应给养并接收捕捞船的渔获进行腌鱼加工。

如果说蒸汽机的使用是渔业船舶发展史上的一个转折点，那么渔业船舶发展史上的另一个转折点是尾滑道渔船的出现。

20 世纪 40 年代末，德国出现了渔获物切片机，这就需要一个较大的加工甲板面积，但当时传统的冰鲜舷拖网渔船难以实现这点。英国于 1953 年将一艘护卫舰改装为 "Fairfree" 号拖网渔船，起、放网作业均在尾部进行，试验结果良好，于是 1954 年英国建成了世界上第一艘新型尾滑道拖网渔船 "Fairtry" 号，柱间长 74.6m，双甲板，甲板间内有冻结、鱼粉、鱼油加工设备。随后，苏联大规模地建造大型尾滑道渔船。从此，尾滑道渔船便流行起来，无论是大、中型拖网渔船还是一些小型拖网渔船都采用尾滑道式，并逐步取代了舷拖网渔船。1966 年建成的苏联的大型尾滑道拖网渔船 "Natalia Kovshava" 号，柱间长达 115m，采用柴油机电力推进装置，整个加工设备适用于热带渔场作业，每天可加工 250cm^3 的罐头 20 万个，自持力达 120 天。

当前，世界海洋渔船的发展主要受以下三方面因素的影响：

（1）200 海里（n mile）专属经济区的划分。专属经济区指沿海国在其领海以外邻接其领海的海域设立的一种专属管辖区。在此区域内沿海国对勘探、开发、养护与管理海床和底土及其上覆水域的自然资源，拥有主权。此外，沿海国在专属经济区还拥有在海洋科学研究和海洋环境保护等方面的管辖权。专属经济区从测算领海宽度的基线量起，不应超过 200n mile。由于这种"划分"，一些海洋渔业发达的国家不得不到距基地港较远的渔场去作业，这就促使这些国家要发展大型或超大型的远洋渔船。荷兰在建造了长为 125m 的尾滑道拖网渔船后，1999 年又建造了长为 140.8m、宽为 18.68m、型深为 12.845m 的超大型尾滑道拖网渔船；与此同时，又建造了长为 142.3m 的超大型尾滑道拖网渔船，鱼舱容积达 11320m^3，冻结渔获物每天可达 300t；紧接着，爱尔兰建造了号称世界上最大最长的超大型渔船 "Atlautic Dawn" 号，该船长 144.6m，该船可以中层拖网亦可围网，每天可冻结渔获物 350t。尺度稍小的大型尾滑道拖网渔船，更是比比皆是。例如，荷兰还建造了总长 125m 的尾滑道拖网渔船，挪威建造了总长 77.8m 的大型尾滑道拖网渔船，航速达 17kn，葡萄牙建造了长为 72m 的尾滑道拖网渔船等。大型化并不限于拖网渔船，金枪鱼围网渔船亦是大型化的对象。如西班牙建造的总长 116m 的金枪鱼围网渔船，航速达 17kn，鱼舱容积达 3250m^3，其围网网具长 1800m、高 300m、重量达 80t。法国也曾建造过总长 107.5m 的金枪鱼围网渔船。西班牙还为俄罗斯建造了 10 艘长 80m 的金枪鱼围网渔船。渔业船舶向大型化和超大型化发展的主要原因就是作业渔场距基地渔港遥远，因为近海海域资源属于沿岸国家，所以只有向远洋发展。此外，由于 200n mile 专属经济区的划分，各海洋渔业国家势必会加强本国资源的利用,在发展大型远洋渔船的同时,根据本国的情况,小型渔船也得到相应的发展与完善。其特点为:一是一船多用,可进行多种作业,这不仅从布置上进行了考虑,而且从设备上也配置齐全,如拖围兼作的小型渔船,在船上拖网绞车与围网起网机是齐备的;二是装备大大改善,保鲜设备一般均采用冻结装置;三是在助渔助航仪器上也大大得到改善,如彩色雷达、彩色声呐等都得到了较为普遍的应用。此外,为确保小型渔船海上安全,一些国家相继制定了适用于小型渔业船舶的法规。例如,日本在20世纪70年代初期就制定了船长下限为15m的钢质渔船建造标准,法国1980年也有类似规范,英国则对登记长度在12m以上的渔船稳性制定了较详细的法规,同时对24.4m以下的钢质、木质及玻璃钢渔船颁布建造法规。

(2)资源的变化。当前传统鱼类资源减少,非传统鱼类资源兴起,底层鱼类资源减少,中上层鱼类资源增加,这种情况也会影响渔业船舶的发展。底拖网渔船逐渐减少,从事中上层渔业的船型逐渐得到发展,如钓船、围网船等。冰岛在我国建造了长71.3m的围网兼中层拖网渔船。这种渔船来我国建造,是因为欧洲船厂订货量已经很大,价格又昂贵,我国虽未建造过这种船型,但价格便宜,仅是欧洲的2/3。挪威则建造钓、围混合式渔船,作业渔场在巴伦支海(Barents Sea),钓具为姆斯特德自动钓系统(Mustad autoline system),有4万把钩。为了大规模发展中上层捕捞渔业,使之重新投入印度洋渔场。一些发展中国家也在大力发展捕捞中上层渔船。

(3)能源紧张现象的出现。由于20世纪70年代初期石油危机的出现,人们开始注重节能环保,各种节能措施不断出现。例如,小型渔船上不仅使用可调螺距螺旋桨加导管或两螺距螺旋桨加导管以提高推进效率。另外,为减小船体阻力,在型线上也有新的发展,渔船上采用球鼻艏(图1-4)在国外已较为普遍,甚至在柱间长不足20m的小型拖网渔船上也配置有球鼻艏;为了容纳低转速大直径的螺旋桨,龙骨线在距艉柱1/4船长处加大艉倾,形成大艉吃水。再如,采用多挡齿轮减速箱,一般有三挡齿轮,两挡为前进挡,一挡为倒车挡,在两挡前进挡中,一挡用于自航,一挡用于拖航。

图1-4 球鼻艏(袁士春,2017)

美国于 1965 年建成总长为 21.35m 的"Caribbean Twin"号双体捕虾船。1968 年苏联建成了总长为 39.7m 的双体渔船。英国于 1972 年建成总长为 15.25m 的双体渔船。此后，苏联、波兰、法国、英国等国家相继建造了一些双体渔船。双体渔船的优点是甲板面积大大增加，便于设置捕捞机械，从而减轻劳动强度和船员人数。另外，双体渔船的稳性好，横摇角小，作业中安全性好。1983 年，法国还建成了一艘长为 15m 的三体渔船。

随着禁止在公海上进行流网捕捞作业，延绳钓渔船逐渐得到发展。这是因为延绳钓渔船在选择捕捞对象保护资源方面是有利的，而且对于资源密度低的情况也是行之有效的。另外，在渔获质量以及保护环境方面也比拖网渔船好得多。

在渔船建造材料上，目前除木材与钢材外，尚有玻璃钢、钢丝网水泥及铝合金等材料。日本于 20 世纪 60 年代初期开始将玻璃钢用作渔船船体的建造材料，60 年代中后期在渔船上发展极其迅速，与此同时，其他国家也逐渐开始将其用于渔船建造。目前，这种材料已较为广泛地应用于建造小型渔船。铝合金自 50 年代末期开始在美国作为渔船船体的建造材料，并用于弗吉尼亚近海海域与阿拉斯加海域。随后，挪威、新西兰等国相继使用这种材料来建造渔船。钢丝网水泥于 1967 年在加拿大用于建造"Lady Silica"号渔船，自此开始在世界上一些国家得到应用。实践证明，只要认真地在施工中进行管理，渔船是能经受住恶劣工作环境考验的。目前，用钢丝网水泥建造的渔船，基本上都是小型渔船。

第三节　中国渔业船舶发展史

一、渔业船舶的出现

在北京附近的山顶洞人的洞穴中不仅发现了距今约几万年的用鱼骨做成的装饰品，还发现了海蚶壳，这可能是在与居住在海边的人类交往活动中得到的，这些发现说明当时的人类不仅会捕鱼，而且交往活动范围很广，同时也说明中国居住在海边的人类已有采捕海洋生物的活动。这当然也就不能排除沿海地区的人类有捕捞海中鱼类的活动。

从杭州湾附近海边处距今 7000 多年的河姆渡遗址来看，在河姆渡遗址（图 1-5）中出土了六只木质船桨。这些桨分桨柄与桨叶两部分，是由一块木材制成的，桨叶长约 50cm，宽 12.3cm，厚度仅 2.1cm，桨叶外形轮廓呈长圆形，其柄部粗细可容手握，上面

图 1-5　河姆渡遗址（张加强，2020）

还刻满横竖斜线组合的图案。这种桨不仅轻巧实用,而且较为美观。显然,这不是河姆渡人制造的第一代桨。同时也可以看出,7000 多年前的河姆渡人在推进器的制作上如此精巧,那么出海捕捞渔获充当食物是十分符合中国古代传统"靠山吃山,靠水吃水"的生存方式的。

根据河姆渡人所掌握的剖开原木以及砍、削、锛等技术,可以推断 7000 多年前河姆渡人已经建造了一些海洋渔船,在尚未有冶金业的情况下,为了有便于装载渔获的容积,其海洋渔船的船型应该是独木舟型。这可由河姆渡文化遗址中出土的一件舟形陶器来证明,该舟形陶器长 7.7cm,高 3cm,宽 2.8cm,两头尖,底略圆,如图 1-6 所示,其首部的透孔恰似系缆孔。

图 1-6　舟形陶器(来源:浙江省博物馆)

因为最古老的工具是打猎和捕鱼的工具,所以海边古人类的独木舟就是捕鱼的工具,这也说明海洋渔船是我国最早的海洋船舶。1958 年在陕西宝鸡北首岭发现的距今约 6000 年的一件彩陶壶,形如舟,其上有展开的网纹,如图 1-7 所示。这件彩陶壶是新石器时代仰韶文化时期的作品,高 15.6cm,长 24.8cm。泥质红陶制作。整器为船形,杯状小口,肩部有双钮以供穿系。腹壁两面以赭黑彩绘出网状纹,网格的两侧还有鱼鳍状的三角形纹饰等。该舟形彩陶壶为盛水器,属于随身携带的水壶类物品。彩陶壶两端如船形上扬,尤其是壶身装饰网纹,极似从河里收网捕鱼或者捕鱼结束将网搭在船边晾晒的情景,从造型设计到装饰纹样,都让人联想到渔船、渔网、捕鱼活动等水上生活场面。

图 1-7　舟形彩陶壶(来源:中国科普博览)

这不仅是用船拉网捕鱼的物证,也表达了古代人类确实是把"船"与"鱼"联系在一起的,即"船"是用来捕捞渔获的工具。由此可见,中国最早出现的海洋船舶是海洋渔船,出现的时间至少可以推到7000年前,其船型是独木舟型。

由于独木舟适航性优良,可到较远较深的渔场进行捕捞作业。1974~1975年在山东胶县三里河出土了5000年前的海产鱼骨和成堆的鱼鳞。根据鉴定,其中包括鳓鱼、黑鲷、梭鱼与蓝点马鲛4种海产经济鱼类。这些鱼类既有河口性沿岸鱼类,也有外海洄游性鱼类。这证明抗沉性优良的独木舟型海洋渔船确实到较远较深的渔场进行捕捞作业了。当然,渔场扩大了,为适应对多种鱼类进行捕捞,渔船上的捕捞工具也定会随之发展。这从中国北起辽宁南至广东的广大沿海地区所发现的距今6000~4000年的贝丘遗址中可以看出。在贝丘遗址中有网坠、鱼叉、鱼钩等,这说明当时用于海洋捕捞的渔具已有网具与钓具,同时还有演变至类似近代捕鲸炮的鱼叉。

二、渔业船舶的初步发展时期

自距今4000多年到秦代统一中国,是我国海洋渔船的初步发展时期。在这个时期的初期,海洋渔船在我国沿海地区已经较普遍地使用了。例如,夏代帝王芒"东狩大海,获大鱼",这说明当时中国东部沿海地区使用海洋渔船进行捕捞生产,从而知道鱼类资源丰富,这才引起国家元首"东狩大海"的兴趣。又如,在中原地区3000多年前商代遗址中出土了产于东海与南海的鱼骨、鲸鱼骨以及鲟鱼骨。另外,在我国的杭州湾、连云港、渤海湾等地区多处发现商文化遗址,说明这些沿海地区在商代曾是人烟稠密的地方。面对丰富的海洋鱼类资源,使用海洋渔船对其进行捕捞势在必行,这些地区至今仍是海洋渔船的基地港。这就可以推断,在夏商时期海洋渔船已经遍及中国沿海地区。

实际上,在商代,船舶的应用已经很广泛,而且可以推断该时期船舶是用木材组合建成的,其依据如下。

(1)商代甲骨文中有"凡"字,很像船的"帆",如图1-8所示。用帆来推进的船只不大可能是独木舟,因为狭长的独木舟的稳性情况难以抵御风帆带来的风压力矩,由此说明商代可能有了比独木舟宽大得多的用木板建造的船。

图1-8 "凡"字甲骨文(王敬南,1994)

(2)商代时期青铜冶炼技术水平已经很高,斧、锯、凿等木工工具基本齐备。再有就是捻缝的材料与技术,在当时也是具备的。例如,广东地区的木船捻缝多用竹丝,出海捕鱼的渔船多采用破渔网捻缝,经久耐用。实际上,在广州秦汉造船工厂的遗址中就发现有网坠,这也证实了秦汉时期木船捻缝材料就包括破渔网。但网具早在距今约5000年前就普遍使用,这已由这段时期各地出土的网坠得到证实。这就是说在商代也具备了用木板造船的条件。那么,用于海洋捕捞也是顺理成章的事。从这点可以推断，在商代已经出现使用木板建造的海洋渔船。

由于使用木板建造海洋渔船，我国的海洋渔船又有了进一步的发展，这也在渔船的尺度与性能上反映出来。如《管子．禁藏》中说，"见利莫能勿就"，"渔人之入海，海深万仞，就彼逆流，乘危百里，宿夜不出者，利在水也"，这段话就是说由于海洋中鱼类资源丰富，吸引渔民前往捕捞，并在深海中过夜进行捕捞，这表明海洋渔船已经发展到不是早出晚归了，自持力增大，也意味着渔船尺度增大，并能在波涛中逆流而进，这不仅表明该时期的渔船具有一定的耐波性，而且在推进装置上已不仅是"桨"，而可能是风帆这类推进装置，这段文字生动地描述了海洋风帆渔船在波涛中航行的情景。

到了春秋战国时期，由于海洋渔船日益发展，数量大为增加，其捕捞生产力也有较大幅度的提高，一些沿海的诸侯国由于重视开发利用海洋资源而富强起来，如《史记》中所介绍的，处于渤海湾地区的燕国"有鱼盐枣栗之饶"，面临黄海的齐国"通商工之业，便鱼盐之利，而人民多归齐，齐为大国"。管仲在协助齐桓公管理齐国时期，称齐国为"海王之国"，即海洋大国，还提出"官山海"的政策，"官山海"即由国家来管理开发矿山与海洋资源。可以推断，管仲提出这个政策，是因为海洋渔船数量增多，海洋资源又极为丰富，对其开发是国家财政收入的一项重要来源，就有必要制定一些海洋渔业的管理政策。从一些历史记载来看，也证实了这个历史时期，由于海洋渔船得到初步发展，渔获物的利用更为广泛，如对于鲨鱼皮的广泛利用，就有一例。例如，有"楚人鲛革犀兕以为甲"、《诗经》中有"象弭鱼服"、《左传》中有"归夫人鱼轩"等记载。

在这段时期，海洋渔船能得到初步发展，其原因是奴隶制的形成，扩大了农、林、牧、副、渔各行业的分工，促进了商品交换。而商品交换本身也促进了各行各业的发展。随着奴隶制的瓦解和封建制的出现，劳动者有较多自由来支配自己的劳动，加之铁器工具的广泛应用，作为一门"手艺"的造船技术便得到进一步发展，出土的战国时期内陆水域豪华的"游艇"也证明了这一点。这些都是促进海洋渔船获得进一步发展的条件。

三、木质风帆海洋渔船等一些基本船型的形成

我国自秦代到清代，历代封建王朝对海洋渔船的发展都不重视，因此历代封建王朝正史中记载海洋渔船的文字极少。有时甚至还加以种种限制，如明朝与清朝，还实行过海禁政策。因此，这段时期谈不到对海洋渔船有什么系统的研究与有计划的发展。然而，由于以下几方面原因，小型海洋渔船在这段时期得到了相当的发展。

（1）沿海地区以渔为生的人口日益增多，需要发展海洋渔船。

（2）封建王朝为了扩大财政收入，如征敛"海租"或"渔课"等税收，同时统治阶级也需要海产品，如《元丰九域志》《元和郡县志》《黄岩县志》《汉书》《新唐书》《宋史》等书都记载了一些沿海地区进贡海产品的情况，这样也就允许沿海地区发展一些海洋渔船。

（3）中国沿海海域为大陆架区域，鱼类资源丰富，小型渔船即可获得较高的捕捞效率。

尽管小型渔船的建造过程均为手工操作，但是通过劳动人民的反复实践，渔船建造技术仍然取得了很大的进步。根据各海区的状况和渔业的特点，形成了中国木质风帆海洋渔船的一些基本船型。过去的木质渔船制造业，皆为木工工匠们一种世代相传的"手艺"，因此其原始特征都必然会较多地保留，这同样可以从中看出古代木质渔船船型的一些特征，如沙船船型，如图 1-9 所示。据考证，沙船船型源于唐代，甚至可追溯至春秋战国时期。沙船是我国古代用于航海的一种防沙平底木船，首先在今江苏崇明一带使用，宋代称为"防

沙平底船",元代称为"平底船",明代通称为"沙船"。10世纪初,中国沙船远航到爪哇(现今印度尼西亚爪哇岛一带)。15世纪郑和七次下西洋,有大队的沙船随航。沙船载重量小的250～400t,中等500～800t,元代海运大沙船达1200t以上。清道光(1821～1850年)时上海沙船约3000艘,估计当时全国共有10000艘以上。

图1-9　明清时期日本画家绘制的沙船图(袁晓春,2017)

上述一些历史悠久的木质海洋渔船船型依然保留着独木舟的痕迹,如船底部的柱龙骨,就是独木舟的独木转化而来的。这是由于为增加渔船的容积,需要在两舷加装木板,演变的结果就是舷侧板逐渐加大,而原来的独木舟则逐渐退化为一根龙骨。而且这些海洋渔船船型是根据所在海域的地理与气象条件,经过长期实践逐渐形成的。例如,沙船为便于在沙滩坐滩而改成平底。长江口以南的港口由于水较深,又为了减少阻力,底部多呈圆弧形,为使纵摇、升沉幅度减小及扩大艏部甲板面积,艏部呈匙型。同时,由于增大风帆,就要增强横稳性,加大船的宽度与吃水比(一般为4～5)。为了改善横稳性,还采用土石压载,如福建的"惠安大钓"船型就有3t土石压载,正如《明史》所述:"福船耐风涛……底尖上阔""海船有土石压载"。

从20世纪50～60年代调查所得的情况来看,当时我国的木质海洋渔船船型有二三百种之多。这二三百种船型的型线与外形基本上体现了前述一些基本船型的特征。

到1950年,我国海洋渔船约有78220艘,其中木帆海洋渔船78030艘,也就是说长期以来,这些保留有古代海洋风帆船特征的木帆海船曾长期是我国海洋渔船船队的主体。

四、机动海洋渔船的出现与发展

海洋中底拖资源丰富,拖网生产可以常年作业,而且拖网作业更需要动力,因此动力化首先是从拖网渔船船型开始的。1882年,英国首先使用机动舷拖网渔船,后盛行于欧美地区。我国于1905年从德国引进一艘蒸汽机拖网渔船"福海"号在舟山渔场生产,但因经验不足,亏损很大,最后停止生产,改作他用。

1914 年开始了我国建造机动海洋渔船的历史，浙江渔业公司的"府浙"号渔船投产，后因经营不佳，改作航运之用。1921 年该公司又将美国退役军用船改装为"富海"号渔船。1922 年，江苏海州渔业传习所在上海建造"海鹰"号渔船，后因经营管理不善，也改作他用。1923 年宁波资本家向英商购得"海利"号渔船。厦门集美水产学校向法商购得"集美二号"渔船，以做实习船之用。1905~1936 年，以上海为基地港前后自建、改建或自国外购入的单拖机动渔船共计约 15 艘。我国台湾在被日本侵占期间，于 1912 年开始发展机动船，作业于东海、南海、北部湾一带海域。

以柴油机为动力的双拖渔船在 1918~1919 年始创于日本。1921 年我国烟台地区购入单缸 30hp（1hp=745.700W）的双拖渔船"富海"号与"贵海"号两艘，开创了我国自己经营的双拖机动船渔业。在功率上自 20 世纪 20 年代 30~40hp 至 30 年代发展至 70~80hp。这些渔船以烟台为基地港，发展至 1936 年，有机动渔船 120 余艘，均为木质，且大多为大连的工厂建造。当时的 70hp 双拖渔船尺度为：总长 22.86m，型宽 4.67m，型深 2.07m，航速 7~8kn。

1945 年抗日战争后的海洋渔业国营企业拥有的机动海船的数量微乎其微，仅约有 120 艘。当时还进口了一些美国等建造的混合式渔船，既有钢质的也有木质的，可以进行围、拖、钓等作业。

虽然我国有机动海洋渔船的历史开始于 1905 年，机动海洋渔船的建造开创于 1914 年，但真正大规模地发展与建造各类机动海洋渔船却是 1953 年之后的事。这是由于我国开展了大规模的经济建设工作，其发展情况表现在以下三个方面。

（1）在原有的木帆渔船上安装柴油机（或烧球机）。

（2）在总结原有木帆渔船船型的基础上，选择一些性能优良的木帆船型，保留其原有优良特征，适当改型，新建并安装柴油机作为动力。例如，对于沙船船型、大捕船型等，在型线等方面做了一些改进，成为木质机帆渔船。

由于采取了上述两项措施，即木帆渔船动力化，不仅提高了渔获量，而且增强了海上抗风暴的能力，使安全生产有了很大的改善。木帆渔船动力化进展是极为迅速的。1953 年我国的机帆渔船（不包括台湾地区）仅有 14 艘，而 1957 年就达到 1029 艘。这显著促进了群众海洋渔业的生产。1957 年海洋渔获的捕捞量就达到 167.5 万 t，超过 1936 年我国最高水产产量 150 万 t。

（3）开展研制机动渔船工作。在 20 世纪 50 年代主要是发展木质机动渔船，如南海水产公司于 1953 年开始建造木质机动渔船；大连地区于 50 年代初就建造了 120hp 木质渔船，后又于 1952 年成立旅大水产修造船厂并于 1955 年试制 200hp 木质渔船，1956 年又试制 250hp 高压柴油机木质渔船；上海渔轮厂于 1958 年设计与制造了 350hp 钢筋木壳渔船。这些木质机动渔船在 50 年代中国海洋渔业生产上起到了重要作用，同时也成为当时的海防哨兵，而且为我国发展钢质机动渔船积累了重要经验。

1953 年，武昌造船厂设计与建造了用于南海海域的尾拖渔船，该船长 25.6m，型宽 6.7m，型深 3.5m，鱼舱容积 102m^3，主机为 6267 型，功率为 250hp，起网机为并列式机械传动形式，自持力 20 天，航速 9kn（1kn=1.852km/h=0.514444m/s）。

1954 年，中华造船厂建造了用于东海、黄海的 250hp 钢质混合式渔船，该船起网机仍采用同于当时木质渔船上机械传动的舷侧滚筒形式。1956 年，求新造船厂等单位对上述用于东海、黄海的 250hp 渔船进行改型设计与制造工作，先后有"113"型、"801"型、

"1053"型等建成投产。这类用于东海、黄海的250hp钢质混合式渔船建造批量颇大，在此后十几年里，成为我国钢质渔船船队的重要组成部分。1960~1962年，江南造船厂建造多艘400hp钢质混合式渔船，该船总长38.65m，型宽7m，型深3.7m，吃水2.9m，鱼舱容积149m³，航速11kn，该船是我国首次采用电动起网机（拉力为4t，速度为50m/min）并在船上配置冷藏设备，虽然后来因冷藏设备效果欠佳而拆除，但毕竟为我国这方面的先驱。

1960年，大连地区开始批量建造375hp对拖网渔船，但因主机换向机构效果欠佳，该批量渔船未能获得预期效果。1961年，上海渔轮厂设计与建造了350hp对拖网渔船，该船长28.7m，型宽6.6m，型深3.63m，鱼舱容积127.4m³，航速11kn，该船配备测向仪、探鱼仪等助航助渔设备。1962年，广东省渔轮修造厂设计与制造了400hp钢质单拖渔船"96"型。该船长28m，型宽6.68m，型深3.7m，鱼舱容积140m³，航速10.5kn，该船能适应100~150m水深的渔场进行作业。该船为我国首次用交流电制的渔船。

在20世纪60年代初期到中期，我国在渔船的船型研究、设计理论与建造技术方面有了显著进展，较广泛地开展了技术经济论证活动，并重视新技术的应用，如可调距螺旋桨在"沪渔350"等渔船上的应用等。1969年，青岛海轮厂等单位建成了270hp钢质对拖渔船，该船长27.5m，型宽6.7m，型深3.5m，鱼舱容积约为140m³，航速10kn，该船配置了导流管并采用液压起网机。

1970年，上海地区建造了1000hp钢质拖网渔船，该船长34m，自持力20天，作业于近海。由于未能重视技术经济论证工作，该船在经济性上未能获得主观上的预期效果。1975年，大连渔轮厂在总结一些600hp船型的基础上，设计与建造了适用于东海、黄海的"8101"型600hp钢质对拖渔船，该船的耐波性较好，不失为当时的优良船型。同年，广东渔轮厂设计与建造了"8103"型600hp钢质单拖渔船，该船有冷藏设备，舱温为-8℃。

尾滑道拖网渔船的研制工作，在我国起步并不算太晚。上海求新船厂于1958年开始设计并于1960年初建成350hp尾滑道渔船。其船长31m，型宽6.6m，型深3.7m，吃水2.9m，航速11kn。此后又于1964年改建成改型船，但由于经验与管理等原因，这些尾滑道渔船最后有的改为围网渔船，有的将尾滑道取消，改成巡洋舰尾作为拖网渔船。尽管未能坚持采用尾滑道拖网作业方式，但开创了我国建造尾滑道拖网渔船的历史，同时也体会到一些尾滑道作业方式的优点。

1961年，在上海沪东船厂又为浙江沿海海域建成双甲板尾滑道型的渔业指导船"海星601"号。1978年，于大连地区建成900hp双甲板尾滑道拖网渔船，但因经济性欠佳，始终未能投入营运并于1985年拆除。与此同时，烟台渔轮厂也建造了双甲板尾滑道拖网渔船，保鲜方式为冰鲜。

20世纪80年代初，大连渔轮厂建成"8154"型600hp单甲板尾滑道冷冻拖网渔船，开始了我国使用有冻结装置的尾滑道拖网渔船的历史。该船型渔获采用冻结与冷藏保鲜，从而获得较好的经济效果，在此后的一段时间里，成为颇有影响力的一种船型。

1985年，大连地区又组建了远洋渔船队，由国外引进两艘3000吨级的大型尾滑道渔船与一艘3万吨级的冷藏运输船。同时上海、烟台等地也引进一些大型尾滑道渔船。我国开始了使用大型尾滑道渔船的历史。

1986~1987年，营口渔轮厂为毛里塔尼亚建造了用于西非海域的两艘船长30m、推进功率为900hp的小型双甲板拖网渔船，这也是我国首次建造出口的双甲板渔船。1989年，大连渔轮厂为阿根廷建造了用于南美海域的船长32m、型宽8.4m、型深5.5m的"8162"

型小型双甲板渔船。1990年广州渔轮厂为摩洛哥建造了用于摩洛哥海域的船长36.9m、主机功率1030kW的小型双甲板尾滑道渔船，该船型也是为我国首次采用球鼻艏的拖网渔船。

在捕鲸船的建造上，自1955年起，我国大连地区利用小型渔船改装了3艘捕鲸船，主机功率为180～250hp，开始了我国用机动捕鲸船捕鲸的历史。此后又于1962年在求新造船厂建成"元龙"号捕鲸船，其主要参数为：总长47.74m，型宽7.2m，型深3.9m，吃水3.1m，主机功率1200hp，航速13kn。但由于鲸类资源欠佳，该船未能发挥理想作用。

在我国群众海洋渔业上，为了节省木材资源，自20世纪70年代初期，也开始了小型钢质渔船的建造工作，主要有主机功率为135hp、200hp等船型。同时在70年代初期，也较大规模地建造了一些钢丝水泥渔船，主机功率主要有80hp、135hp、185hp、250hp等，但由于在建造中经验不足与生产管理等原因，有的地区效果不理想。

20世纪50年代末至60年代初，我国开始建造渔业辅助船。如1959年，青岛301厂建造了300t冷藏运输船，该船设有3台卧式平板冻结机。1960年，沪东造船厂还批量建造了500t冷藏运输船，该船总长59.2m，型宽9m，型深5.7m，鱼舱容积955m^3，航速10.5kn。同年，求新造船厂等单位小批量建造了520hp渔业调查船，船上设有鱼类、水文、生物、化学等实验室，该批量船建成后在东海、黄海、南海进行过大量资源调查工作。

20世纪70年代以后，我国又建造了一些渔业辅助船。如1972年，广东省渔轮修造厂等单位设计与建造了300t冷藏运输船，1973年大连造船厂设计建造了500t冷藏运输船，1976年宁波渔轮厂设计建造了600t冷藏运输船，1980年营口渔轮厂建造了用于海上收购群众渔业渔船渔获的200t收鲜船等。

1953年以来，中国还建造过一些钢质渔船用于援外，如1955年在上海地区建造过用于朝鲜海域的75hp钢质拖网渔船。1973年，上海渔轮厂设计与建造了几内亚沿海海域的400hp钢质拖网渔船，该船长29.5m，型宽7m，型深3.75m，鱼舱容积139m^3，航速11kn；同年，上海渔轮厂还设计建造了用于阿拉伯海域的600hp钢质拖网渔船，该船长38m，型宽7.2m，型深3.8m，该船有冷冻冷藏设备，每天冻结量为4t，鱼舱容积125m^3，舱温为-18～-15℃。

为了发展我国的海洋渔业，1985年3月我国派出第一批渔船赴西非进行捕捞作业。其中，烟台派出4艘"8154"型渔船赴几内亚比绍；舟山派出4艘"8101"型渔船赴塞内加尔；福建派出4艘"8154"型渔船赴塞拉利昂。此后，又陆续派出若干渔船分赴摩洛哥、尼日利亚、阿根廷、伊朗等国进行国际渔业合作，开展跨洋性捕捞作业；1986年1月，上海、烟台、大连派出由国外引进的大型尾滑道渔船奔赴阿拉斯加渔场进行远洋捕捞作业。

这些跨洋性捕捞作业与远洋捕捞作业为我国海洋渔业生产开拓了新局面，同时也为我国渔船设计与制造业开创了新纪元，使我国的海洋渔业为国民经济做出更大的贡献。

思 考 题

1. 渔业船舶的主要任务有哪些？
2. 世界渔业船舶发展史上的两个转折点是什么？
3. 影响世界海洋渔船发展的主要因素有哪些？
4. 中国渔业船舶的发展历经了哪几个主要阶段？

第二章　渔业船舶的类型

第一节　渔业船舶的分类

一、渔业船舶的概念

渔业船舶是指从事渔业活动的专用船舶。而"渔船"通常在习惯上是指对鱼、虾、蟹、鲸、海豹、海象或其他海洋生物资源进行捕捞的生产作业船舶，这类船舶也称为渔业生产船。随着渔船队航程的增加，生产规模扩大，分工变细，由捕捞渔获物后在船上保鲜，直接运回基地港的传统渔船船型，逐渐演变为从事捕捞、加工以及运输渔获等几种专业化的船型。由于在海上加工以及运输渔获物是商品性捕捞生产的继续或者说是体现上述传统渔船船型的部分功能，但又不同于直接进行捕捞生产，故从事加工与运输渔获的船舶称为生产性渔业辅助船。直接从事捕捞生产的船舶称为渔业生产船。同时也由于生产规模扩大，为了提高渔业生产效率、加强渔业生产管理、合理利用渔业资源以及培训渔业生产人员，又出现了渔业调查船、渔政船以及渔业实习船等船型。将这些虽不直接从事商品性捕捞生产而又与整个渔业生产活动密切相关的船舶，称为非生产性渔业辅助船。

二、分类

实质上，渔业生产船、生产性渔业辅助船以及非生产性渔业辅助船，都是为直接或间接从事渔业生产活动而建造的船舶，都属于渔业船舶的范畴。为了区别于人们习惯上对传统渔船船型（捕捞渔获与进行保鲜并直接运回基地港）的定义，目前将上述三类船舶统称为渔业船舶。为了从广义上区别于既不直接也不间接从事渔业生产活动的船舶，仍把渔业生产船简称渔船，但是其定义内容远比传统渔船船型的定义内容丰富很多。

1. 根据渔业生产任务分类

（1）渔业生产船（渔船）：指直接使用一定渔具以捕捞作业为主的生产船舶。

（2）生产性渔业辅助船：指直接从事辅助性生产作业的船舶，如渔业基地加工船、光诱船以及渔获运输船等。

（3）非生产性渔业辅助船：指间接从事辅助性作业的船舶，如渔业资源调查船、渔业实习船以及渔政船等。

2. 根据作业半径或海域不同分类

（1）远洋渔船（或称为深海渔船）：国际上是指能在无限航区进行捕捞作业的渔船。一般是远离本国基地，在他国管辖海域或公海从事捕捞作业的渔船。

（2）近海渔船：指在本国管辖海域，我国一般是指在机轮拖网渔业禁渔区线外的海域作业的渔船。

（3）沿岸渔船：在我国一般是指在机轮拖网渔业禁渔区线内的海域作业的渔船。

3. 根据渔具渔法的不同分类

（1）网捕渔船：指用网具进行捕捞作业的渔船，如拖网、围网、流网、定置网等渔船。

(2) 钓捕渔船：指用钓鱼绳进行捕捞作业的渔船，如延绳钓、竿钓、鱿鱼钓等渔船。

(3) 猎捕渔船：指用猎捕渔具进行捕捞作业的渔船，如捕鲸船等。

(4) 其他渔具渔法捕捞船：如先用光来诱集鱼再用围网进行捕捞的光诱渔船等。

4. 根据建造材料的不同分类

按建造材料的不同，渔船可分为木质渔船、钢质渔船、铝合金渔船、钢丝网水泥渔船、玻璃纤维增强塑料（玻璃钢）渔船、聚乙烯（塑料）渔船。

5. 根据尺度的不同分类

(1) 大型渔船：指柱间长在 60m 以上的渔船。

(2) 中型渔船：指柱间长为 40~60m 的渔船。

(3) 小型渔船：指柱间长在 40m 以下的渔船。

6. 根据推进方式与动力装置的不同分类

按推进方式与动力装置的不同，渔船可分为机帆渔船、柴油机动力装置渔船、柴油机-电力推进渔船、汽轮机动力装置渔船。

7. 根据渔获物保鲜方法的不同分类

按渔获物保鲜方法的不同，可分为冰鲜渔船、冷海水保鲜渔船、微冻渔船、冷冻渔船、加工渔船等。在一些大型渔船上，几种加工方法往往同时存在。为表明捕捞渔船上的加工方法，也经常按渔法和加工方法来区分渔船，如拖网冷冻渔船、拖网加工渔船等。

第二节　渔业生产船

一、拖网渔船

拖网渔船是用拖网来捕捞渔获物的船舶。拖网属于过滤性的运动渔具，在拖曳过程中，将各种鱼虾等驱集入网，使水滤过网目，渔获物不能通过而达到捕捞渔获的目的。

拖网渔船是渔船中主要船型之一。一些海洋渔业发达的国家，50%以上的渔获物为拖网渔船所捕得。拖网的种类常见的有底拖网（如图2-1所示，渔船拖曳网具在海底拖曳滑行，鱼被拦入网内）和中层拖网（或称变水层拖网，网具不在海底拖曳而在海水中层拖曳）。

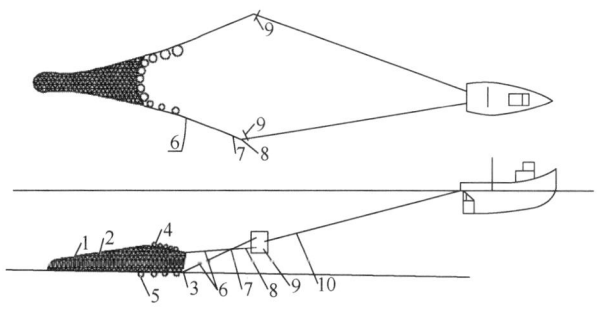

图 2-1　底拖网作业示意图

1. 网囊；2. 网身；3. 网袖；4. 浮子纲；5. 沉子纲；6. 上、下空纲；7. 手纲；8. 网板叉纲；9. 网板；10. 曳纲

拖网渔船根据作业方式的不同，又可分为单拖渔船和双拖渔船。

1. 单拖渔船

这种渔船又可分为以下两类。

（1）舷拖网渔船，如图 2-2 所示。因其起、放网作业均在舷侧进行，故名为舷拖网渔船。这种渔船在起网作业时，为防止网具进入船底，故需横风横浪起网，加之起网时起吊网具造成横倾力矩，直接影响船的稳定性，安全性欠佳，也限制了大型网具的使用，因此目前这种渔船已经很少使用。

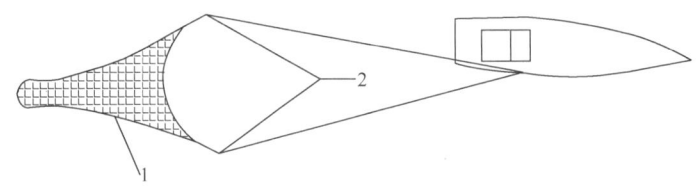

图 2-2 舷拖网渔船作业示意图
1. 网具；2. 网板

（2）尾拖网渔船或称尾拖渔船，如图 2-3 所示，起、放网作业均在尾部进行，因此可以顶风顶浪起放网，可以使用大型网具，安全性有保障。另外，因顶风顶浪作业，横摇少，可以沿纵向布置加工设备，有利于实行机械化的加工操作，故从 20 世纪 50 年代起就逐步取代了舷拖网渔船。尾拖网渔船中，又有有尾滑道与无尾滑道之分。有尾滑道者称为尾滑道拖网渔船，其尾部中央有斜坡形滑道，起、放网均通过滑道进行。由于网具与滑道之间会产生摩擦，故网具磨损较大。虽然这是缺点，但这种船型优点极为突出，故目前仍为渔船中的一种主要船型。柱间长约在 30m 以下的小型单甲板尾拖网渔船，为防止起网时海浪通过滑道大量冲上甲板，有的不采用尾滑道。

图 2-3 远洋尾拖网渔船（王坚忍，2017）

2. 双拖渔船

在捕捞作业时由两艘渔船共拖一个拖网网具。双拖渔船与单拖渔船并无特大差异，只是单拖作业中网具需配置网板，起网时渔船应微速前进，以防止网板倾倒在海底，而双拖无此需要,在船上当然也就不需要放置网板的设备。双拖渔船亦可采用尾滑道拖网渔船。尺度较小的单甲板小型双拖渔船也因在起网时防止海水由尾滑道过多地冲上甲板,故也有不采用尾滑道者。

图 2-4 为一对双拖渔船在石浦葛岙山船厂下水。这对双拖渔船船号为"浙象渔 40119"和"浙象渔 40120"。该船型总长 47m,宽 6.8m,功率 1100hp,投资达 800 多万元。也是船东利用渔船抵押贷款打造的首对最大马力渔船,打造历时 4 个月,比当地现有普通的外海渔船功率大 2~3 倍,且冷藏能力一次性达到 80t 海鲜,大大节省了渔船作业成本。该对渔船下水后将专门用来进行远洋捕捞作业。

图 2-4　双拖网渔船(蒋曼儒,2009)

二、围网渔船

围网渔船(图 2-5)是利用围网渔法来捕捞渔获物的船舶。围网也是一种主要渔法。一些海洋渔业发达的国家,1/3 以上的渔获物为围网捕得。围网是一种过滤性围旋网具,主要用于围捕中、上层鱼类。作业时,靠渔船的快速回转航行使网具在水中垂直展开呈圆形围壁来包围鱼群进行捕捞。因此,围网渔船大都航速较快,横向稳定性好。

按围网渔船作业时所使用的船只数量,可分为双船围网、单船围网和多船围网。由于围网作业操作繁重,现代围网渔船出现了作业机动化,并配备性能优良的探鱼设备。

(1) 双船围网:双船无囊围网是两船共同使用一盘网具。由于在操作中须两艘船统一行动,操作不灵活,我国目前已很少使用。对于双船有囊围网,我国主要用于小型机帆渔船,网具轻便灵活,整个网具由一只船起放,另一艘起拖带作用。

(2) 单船围网:单船无囊围网是目前比较普遍采用的方式,作业时由一艘渔艇拖带网头,围网船进行围网。我国单船围网普遍采用无囊围网。单船有囊围网作业方式在日本、丹麦、英国等国尚有采用,我国目前还没有这种作业方式。

(3) 多船围网:比较常见的有灯光围网,我国通常配网船一艘、灯船两艘以及渔获运输船一艘组成船队进行这种方式的作业。灯光围网船队进行作业时,由两艘灯船开灯诱鱼,待鱼群集中后,一艘灯船闭灯驶离鱼群,另一艘灯船则仍开着灯使鱼群集中,围网渔船则进行作业,此时闭灯的灯船则起着单船围网时渔艇的作用。这样就把开着灯的灯船围在网圈中,待网具围成后,开着灯的灯船再闭灯从网圈中驶出。

图 2-5　灯光诱围网渔船(祝慧钞等,2019)

在围网渔船的发展过程中,形成了几种不同的渔捞方法,目前常见的有如下几种。

(1)单船尾部起网法:首先将所搭载的渔艇放入海中。再将船上浮子纲与沉子纲通过引纲连接在渔艇上。网船全速回转航行并放下网具包围鱼群,当网即将放完时,再放出跑纲使网围成圆形。网头与括纲端由渔艇收至网船,通过括纲支架由括纲绞车收绞括纲。当括纲绞紧、底环收拢后,网底部则封闭。继而开始用动力滑车起网并进行理网,再将取鱼部用舷侧滚筒拉至舷边,捞取渔获物。这种渔法在我国、日本及西欧等地区广泛使用。

(2)舷侧起网法:舷侧起网法在挪威及北欧地区使用极为普遍。图 2-6 为舷侧起网法的渔捞设备布置图,该起网系统称为"ABAS"起网系统。

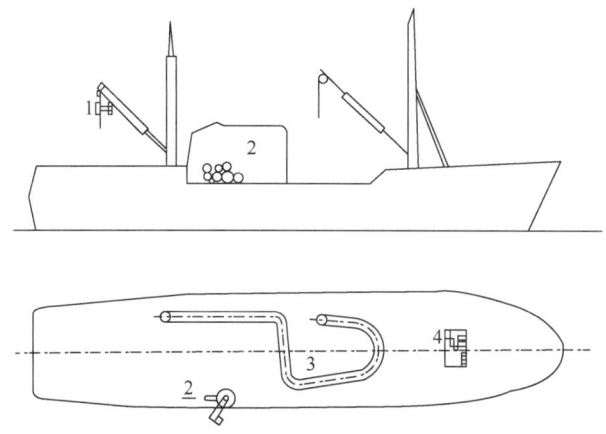

图 2-6　舷侧起网法的渔捞设备布置简图
1. 传网机；2. 起网机；3. 吸鱼泵；4. 括纲绞机

（3）金枪鱼围网渔法：金枪鱼围网渔法主要为美国、欧洲等地区采用。该种渔法主要用于捕捞鲣鱼等大型集群性鱼类，是大型围网渔船所采用的作业方法。

围网渔船在作业过程中，要经常调整网形和渔船位置，为此许多围网渔船均设置横向推进装置，有的于舯部设置，有的则舯、艉皆设置。

三、钓渔船

钓具是捕捞分散鱼群的一种良好渔具，它能适应海底多礁的渔场进行作业，而且可钓捕体型大、质量好的鱼，有利于资源繁殖保护。

钓具是用系结在钓线上的钓钩，装上诱惑性饵料——真饵或拟饵，利用鱼类的食性诱鱼吞食上钩；或以密集而锐利的空钓敷设在鱼类洄游的通道上，钩住鱼体而达到捕捞的目的。

钓渔船根据钓具的不同，可以分为如下几种。

1. 延绳钓渔船

延绳钓是一种被动渔法，其捕捞对象为大型渔获，一些海洋渔业发达的国家大多以金枪鱼作为延绳钓的主要捕捞对象。金枪鱼一般每尾重 35～130kg，个别达 350kg。所以这种渔法又称为金枪鱼延绳钓。延绳钓也是我国钓鱼中一种主要渔法。图 2-7 为金枪鱼延绳钓渔船作业示意图，延绳钓具由数十条干绳连成一体，每条干绳端通过浮绳系有浮子并配有信号旗子，每隔十数条干绳配有浮标灯，有时在整个渔具上还配有 2～4 个无线电浮标，发射无线电信号，这些装置均作为掌握钓具所在位置之用，在干绳上连接若干支绳，支绳下端连接钓线，钓线再连接钓钩，钓具的规模通常以筐或箩为单位来计算。金枪鱼延绳钓干绳总长可达 150～180km，支绳长 20～30m，浮绳长约 25m。这种渔船在保护幼鱼、选择捕捞对象、提高渔获质量以及保护环境方面都比拖网渔船好，在节省能源及利用低密度资源方面也比拖网渔船好。图 2-8 为我国自主建造的最大超低温玻璃钢金枪鱼延绳钓渔船。

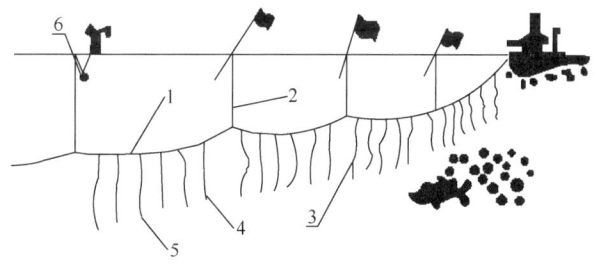

图 2-7　金枪鱼延绳钓作业示意图

1. 干绳；2. 浮绳；3. 支绳；4. 钓线；5. 钓钩及钓饵；6. 浮子

为了加强捕捞效果，从 20 世纪 50 年代末开始，延绳钓渔船在甲板上搭载 1～6 只小艇，称为母子式作业延绳钓渔船。至渔场后，渔艇与母船均进行放钓捕捞。为易于起放渔艇，母船在尾部具有尾滑道，渔艇通过尾滑道起放，这种船型也称为延绳钓母船。

2. 竿钓渔船

竿钓虽是一种古老的渔法，但现今还使用这种渔法捕捞一些大型洄游性鱼类，如鲣鱼、金枪鱼就是主要捕捞对象。鲣鱼一般集群索饵沙丁鱼类以及喜爱下雨景象，因此竿钓渔船就利用这一特点进行捕捞。

图 2-8　金枪鱼延绳钓渔船（国际船舶网，2018）

竿钓渔船出航作业时，不同于其他类型渔船的要求之一就是需有活饵料舱。活饵料舱每立方米可容 30kg 沙丁鱼，回港时活饵料舱又作储放渔获物之用。使用竿钓作业较多的国家有日本、法国、美国等，各国渔法不尽相同，船型也有差异，但以日本最为发达，图 2-9 为日本竿钓渔船示意图。由图可见，该类船型艏柱及艏部舷墙向前方探出，舷墙外有钓鱼平台。钓竿一般为竹质，目前已有自动钓竿机，代替人力操作。

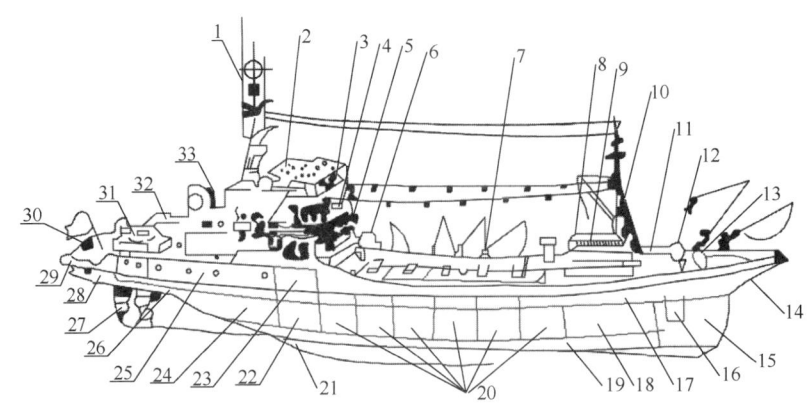

图 2-9　日本竿钓渔船示意图

1. 雷达桅；2. 天幕；3. 渔捞用遥控装置；4. 驾驶室；5、8、10. 起货机；6. 送鱼传送带；7. 自动钓竿机；9、32. 钓竿库；11. 钓鱼台；12. 鱼饵箱；13. 锚机；14. 艏部探出舷墙；15. 艏尖舱；16. 锚链舱；17. 冷却盐水池；18. 专用鱼舱；19、21. 燃油双层底；20. 活饵养鱼舱；22. 鱼舱兼盐水舱；23. 鱼舱；24. 机舱；25. 船员舱；26. 淡水舱；27. 油舱；28. 仓库；29. 钓鱼台；30. 鱼饵箱；31. 渔艇；33. 绞车

在钓捕作业时，洒水泵先洒水模仿下雨景象并洒在饵料附近，把鲣鱼的视觉扰乱，使之不能识别钓线钓钩，形成鲣鱼群争食状态，从而提高钓捕率。另外，钓捕时，先用活饵待鱼群活跃后，改用拟饵以节省装饵时间。

3. 鱿鱼钓船

鱿鱼属于软体动物头足类，是温、热带海域一种主要的经济渔业资源。鱿鱼有趋光的习性，鱿鱼钓船就是利用这个习性进行光诱捕捞的，图 2-10 为一艘远洋鱿鱼钓船。柱间长在 30m 左右的鱿鱼钓船所配置的诱鱼灯为 40～50 个 3～4kW 的灯。鱿鱼钓船上的自动钓机是钓鱼的主要工具。钓具由钓钩、钓线与沉锤组成，一根钓线上有数个钓钩，钓钩间用尼龙线连接，间距为 0.8～0.9m，末端系沉锤，重约 1kg，钓机下设鱿鱼滑板，钓上的鱼能自动脱钩顺滑板集中。柱间长约为 30m 的鱿鱼钓船多用 24 台自动钓机，作业时，一名船员可操作 2～6 台钓机。为稳定船位，使用尾帆与海锚。海锚是一种类似降落伞状的海中漂浮体，它利用海水的流体阻力，控制船的方位。另外，类似于竿钓渔船，在舷墙外有宽约 600mm 的钓鱼台，以安装钓机。鱿鱼钓船根据作业的特点，在布置上，其诱鱼灯悬挂高度要求光线与海面成 45°。

图 2-10　远洋鱿鱼钓船（佟佟，2018）

四、流网渔船

流网也称流刺网，是网具中结构较简单的一种带形网具，属于被动网具。其捕鱼原理是将数十片至数百片矩形网片连接成带形，当鱼类试图通过时，则被刺挂在网眼中或被缠结在网衣上达到捕捞目的。该网具总长可达数百米，甚至上千米，网具上方有浮子，下方有沉子，从而漂浮在水中与船一起随风、流而漂移，图 2-11 为流网渔船作业示意图。这种渔法能源消耗少，渔获质量也较好。

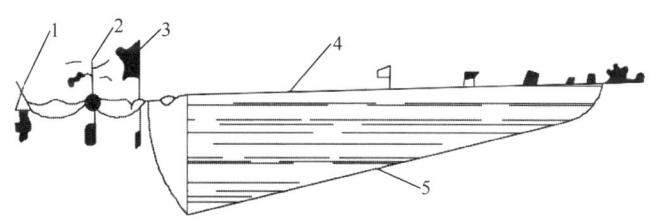

图 2-11　流网渔船作业示意图

1. 浮标灯；2. 无线电浮标；3. 信号旗；4. 浮子纲；5. 沉子纲

为了保护海洋鱼类资源,公海上的流网捕捞作业在 1992 年 6 月 30 日全面禁止。因此,流网渔船的状况必然发生变化,在数量上减少,在尺度上仅为一些小型渔船,或为与拖、钓兼作的渔船。

五、猎捕渔船

猎捕渔船使用叉、铦、镖、枪、炮等工具猎捕大型鱼类和海洋哺乳动物,是捕猎大鲨鱼、鲸、海豚、海豹、海象等所有渔船的总称。除捕鲸船外,一般船型较小,但航速较快,操纵灵活。船上设有拖带捕获物的设备,捕获物一般不自载,另有船舶收取。捕鲸船是专门猎捕鲸的船舶。

捕鲸船有捕鲸炮作为射捕鲸的专用设备,装设在船首高出海面 6~8m 处;另外,尚需缓冲系统装置,鲸中炮后,会发出一股企图逃脱和挣扎的猛冲力,使拖纲不断受到剧烈的冲击载荷,为了缓和这一冲击载荷,减少拖纲可能破断的危险,必须设置缓冲系统装置,利用缓冲器内的弹簧伸缩来减轻冲击载荷。因此,在捕鲸船上一般设有缓冲弹簧舱室来安放这种装置。

捕鲸船为追捕鲸鱼,要求航速较快,回转性好。为适应高速回转,要求有较好的大倾角稳性,为了易于瞄准射击,要求摇摆缓和。

捕鲸作业分为近海捕鲸和远洋捕鲸。近海捕鲸是以陆地为基地,捕获鲸后拖至基地港送上陆地加工厂处理。远洋捕鲸则由十余艘捕鲸船与鲸加工船编队出海作业,捕鲸后拖至鲸加工船处理。

由于鲸类资源的减少,有关海洋渔业发达的国家多次召开国际会议,对猎捕的鲸鱼种类与数量均进行了限制,故目前已很少建造捕鲸船。

除上述渔业生产船外,还有双体渔船、混合式渔船等渔业生产船。

双体渔船由于甲板面积宽广,加之横稳性好,可以安装各种捕捞机械,因此适用于拖、围、流、钓等多种捕捞作业。若在尾部具有尾滑道,则可以在两个片体的滑道上进行交替连续拖网作业。除上述优点外,尚有回转性能好,船员能有较好的居住条件等优势。双体渔船作为渔业生产船时,在设计中应注意避免纵、横摇摆的自摇周期相同或接近,这对在风浪中作业时的运动性能将是不利的,因为这将易于产生纵、横摇摆的耦合现象,造成捕捞人员不舒适或较困难的作业环境。

混合式渔船就是以一种作业形式为主,兼作其他作业的渔船,如以拖网为主兼作围网作业的渔船,通常称为拖围混合式渔船。有的渔船以一种作业兼作其他几种作业,如以拖网为主兼作围网与流网,称为拖围流混合式渔船。由于一船多用,这种混合式渔船也称为多用途渔船。

第三节 生产性渔业辅助船

生产性渔业辅助船包括渔业加工船、光诱船以及渔获运输船等。

一、渔业加工船

渔业加工船又称渔业基地加工船或基地加工船。当捕捞子船在往返以及转移渔场时,搭载在这类船上,因此这类船又称为加工母船。渔业加工船的任务如下:

(1) 组织海洋捕捞生产。
(2) 接收捕捞船的渔获并对渔获物进行加工。
(3) 储藏和运输加工好的鱼品。
(4) 为捕捞船补充油、水、给养等渔需物资并可进行紧急维修。
(5) 为船队提供医疗卫生、文化生活和其他服务。
(6) 将渔获物或加工的鱼品转交运输船,并接收油、水、给养等储备。

渔业加工船按排水量可分为小型加工船(排水量在 5000t 以下)、中型加工船(排水量为 5000~10000t)、大型加工船(排水量为 10000~20000t)及特大型加工船(排水量在 20000t 以上)。

渔业加工船对渔获物加工的方法有冻结(鱼块或鱼片)、制鱼粉、制鱼油、加工成鱼糜或直接加工成罐头等。但这些加工方式在一艘加工船上往往并不是单一存在的,一般是兼而有之,或有所侧重,即有的加工船以冻结加工为主,但兼有鱼粉、鱼油加工设备。这是因为常会有来不及进行冻结加工的渔获物以及加工鱼品所剩的废料可加工成鱼粉、鱼油。这类以冻结为主的加工船一般称为冻结加工船或冻结基地船。有的加工船则大量加工鱼粉,这是因为鱼粉是一种价值很高的动物饲料,需要量颇大,同时随着新渔场的开发,个体小的渔获增多,也促进鱼粉加工的发展。但是也必然会有经济价值较高的渔获值得加工成鱼片来冻结,因此大量加工鱼粉的加工船也兼有冻结或其他加工设备。这类大量加工鱼粉的船,一般称为鱼粉加工船或鱼粉基地船。为保证渔获质量,特别对于热带海域显得十分重要,因此对经济价值高的渔获,有的加工船除冻结外还直接在海上将渔获加工成罐头。对加工后的废料或杂鱼则加工成鱼粉。一般对制罐能力与冻结能力强的加工船称为罐头和冻结加工船或罐头和冻结基地船。另外,还有专门加工特定渔获的加工船,如鲸加工船、蟹加工船、虾加工船等。图 2-12 为以冻结加工为主的冻结加工船的外形与布置简图,图 2-13 为一艘渔业加工母船外观图。

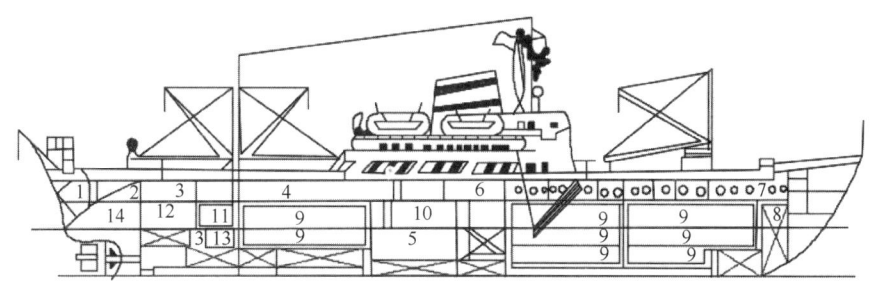

图 2-12 冻结加工船的外形与布置简图

1. 尾滑道;2、11. 鱼粉舱;3. 鱼池;4. 渔获物处理间;5. 机舱;6. 食品库;7. 住舱;8. 油柜;9. 鱼舱;10. 制冷机舱;12. 鱼粉间;13. 鱼油柜;14. 舵机舱

二、光诱船

光诱船是灯光围网作业的重要辅助船只,其主要作用是在渔场探测鱼群,并利用灯光诱集鱼群,其次是协助网船进行作业。我国光诱船的柱间长约 20m,所配置灯具功率达 25kW,分为水上灯(1kW 八个)、聚光灯(4×1kW 两个)、水下灯(1.5kW 六个)。

但也有采用光诱艇代替光诱船者。光诱艇长 5~6m,搭载在网船上。这是因为光诱船尺度不大，若需有大于网船的航速或与网船相同的航速，则需主机功率过大，不利于节能，而光诱船的作用，又基本上能够靠光诱艇完成。

图 2-13　渔业加工母船（徐娟娟，2009）

三、渔获运输船

渔获运输船一般配有冷藏设备，故又称为渔获冷藏运输船。这种船的任务是把渔获由渔场运回基地港，有时还要运输一定数量的油、水、给养以及渔需物资给渔场作业的船队，因此装载货物品种多。

按照冷藏舱温的不同，这类船舶又分为高温冷藏船与低温冷藏船。高温冷藏船的舱温在 0℃ 左右，其保鲜方式为冰、冷海水、微冻等方式，如我国近海收鲜船即采用这些保鲜方式。低温冷藏船的舱温在 -18℃ 以下，用于运输冻结后的鱼品等，这类船一般用于远洋作业运输。

除上述三种类型的生产性渔业辅助船外，尚有加工冷藏运输船属于生产性渔业辅助船。加工冷藏运输船兼有加工船与渔获运输船的特点，其任务是在海上接收渔获，将其加工为冻结鱼品，并予以冷藏后运回基地港，同时亦可向捕捞船供应少量油、水、给养等物资。图 2-14 为某冷海水保鲜渔获运输船的外形与布置情况，图 2-15 为我国首艘自主建造的超低温金枪鱼冷藏运输船。

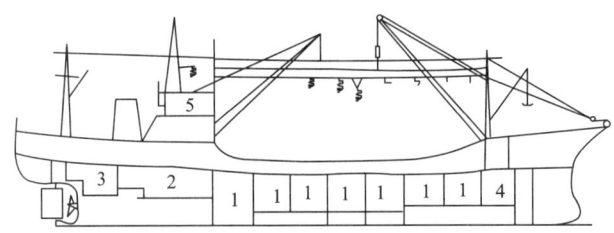

图 2-14　冷海水保鲜渔获运输船外形与布置简图

1. 冷海水保鲜鱼舱；2. 机舱；3. 船员舱；4. 冷海水舱；5. 驾驶室

图 2-15 金枪鱼冷藏运输船(姜贞宇,2017)

第四节 非生产性渔业辅助船

非生产性渔业辅助船主要包括渔业调查船、渔业实习船、渔政船等船型。

一、渔业调查船

渔业调查船的任务是从事渔业资源调查、探索新渔场、渔具渔法实验、加工保鲜方法的研究等。渔业调查船是现代化渔船队中的一个重要组成部分。在船上一般设有资源、生物、化学、加工等实验室,并配有一定的研究人员。

渔业调查船还配有多种渔捞设备,一般为中型船只,均可从事拖、围、钓作业。这类船实际上有渔业生产船与海洋调查船的特点。图 2-16 为上海海洋大学"淞航"号渔业资源调查船。其航区为国际无限航区,船型为钢质、长艏楼结构、尾滑道船型,设有全景式

图 2-16 "淞航"号渔业资源调查船(刘洪亮和刘小庆,2018)

驾驶室、柴油机驱动、德国进口垂直式电力推进装置。调查船主尺度为总长 85.00m，水线长 81.00m，船宽 14.96m，型深 8.70m，设计吃水 4.95m，结构吃水 5.35m，满载排水量 3271.4t。船舶最大航速 15kn，经济航速 12kn。续航力 10000n mile，自持力 60 昼夜。包括中层和底层拖网、金枪鱼延绳钓和灯光鱿鱼钓三种作业方式，适应不同渔业资源生物学特性的调查，为开展不同渔具渔法研究提供基础保障。此外，"淞航"号配备了海洋生物、水文生化、调查监控和通用等实验室及艉部露天甲板调查作业区。

二、渔业实习船

渔业实习船（图 2-17）又称渔业训练船。这类船往往能进行多种捕捞作业，如拖、围、流、钓等，因此配有多种渔捞设备，以供学生实习之用，但鱼舱容积不大。这类船要求有较多的舱室，以满足教室、实习室、居住舱室布置的需要。船上的助渔导航仪器配备齐全，而且较为先进。这类船在性能与布置上也应该兼顾或综合前述各种捕捞作业船的要求。

图 2-17　渔业实习船（国际船舶网，2016）

三、渔政船

渔政船（图 2-18）是执行渔业法规以维护正常渔业生产秩序的船舶，其具体任务是在渔场巡逻监督渔船执行水产资源繁殖保护法、监督执行与有关国家签订的渔业协定、监督外籍渔船作业、处理渔业生产纠纷等。

这类船的性能要求是航速高于一般的渔业船舶，耐波性优良，以适应在恶劣海况下航行，配有较强的导航通信设备。另外，还配有录音录像设备。在船上，除有一般船员外，尚有渔政人员、渔业警察等。

非生产性渔业辅助船除上述各类船舶外，还包括渔业救助船、渔业补给船等。渔业救助船用于援救遇难渔船，因此要求航速快、耐波性好，并配有一定的医疗急救设备等。渔业补给船用于对渔船队补给油、水、给养以及载运渔船队中轮换的船员等。这类船要求装载物品种类多、液体舱容大以及居住舱室较多等。

图2-18 渔政船（中国船级社，2017）

思 考 题

1. 渔业船舶的定义是什么？
2. 渔业船舶如何分类？
3. 渔业生产船有哪几种代表类型？
4. 生产性渔业辅助船有哪几种代表类型？
5. 非生产性渔业辅助船有哪几种代表类型？

第三章　渔业船舶的形状及主尺度

第一节　船体形状与主尺度

一、船体形状

船体的形状为一复杂的几何体。为了将船体的几何形状用平面图形表示出来，同样是采用其他工程中相同的直角投影原理，唯基本投影面的选取与其他工程制图有所不同，型线图的基本投影面，一般采用下列三个相互垂直的平面，如图3-1所示。

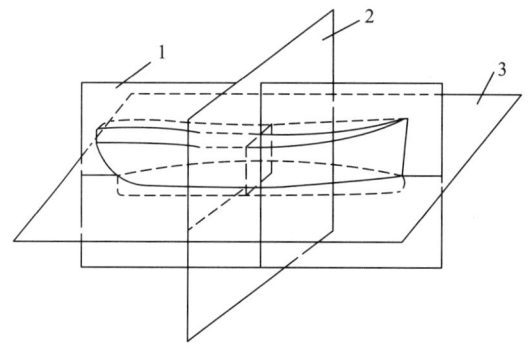

图3-1　船体剖面示意图
1. 舯纵剖面；2. 舯剖面；3. 设计水线面

1. 舯纵剖面

舯纵剖面又称中线面。该剖面是通过船体中央的纵向垂直平面，将船体分为左右对称的两部分，舯纵剖面与船体表面的交线称为舯纵剖线。

船底表面与舯纵剖面的交线称为龙骨线。普通运输船的龙骨线是水平的，而渔船的龙骨线通常是向尾倾斜的，如图3-2所示。渔船的龙骨线设计成倾斜的，其主要目的是获得大的尾吃水，从而有下面这些优点。

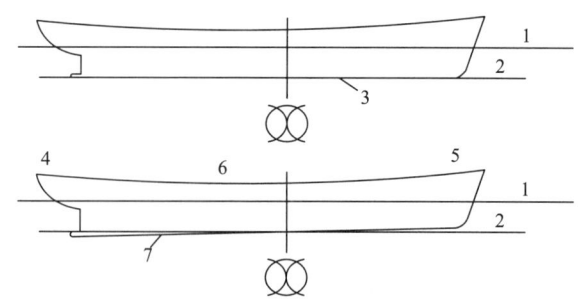

图3-2　运输船和渔船的龙骨线
1. 设计水线；2. 水平基线；3. 水平龙骨；4. 船尾；5. 船首；6. 甲板边线；7. 倾斜龙骨线

(1) 可容纳较大直径的螺旋桨，有利于提高推进效率。

(2) 由于加大了尾吃水，螺旋桨可设置在距水面较深处，有利于避免螺旋桨在风浪路露出水面。

(3) 有利于改善航向稳定性，对拖网渔船在拖网作业时保持网形很重要。

2. 舯剖面

舯剖面又称中站面，是通过船长（通常为垂线间长）的中点所作的横向垂直平面，将船体分为艏、艉两部分。

3. 设计水线面

设计水线面是船舶在设计水线（即满载水线）处的水平面，把船体分为水上和水下两部分。

船体型表面：指不包括附体（如舵、舭龙骨、螺旋桨等）的船体外形的表面。对于金属船体型，表面系数是指船体外板的内表面，对木质船、水泥船、玻璃钢船等则是指船体外板的外表面，即包括外板厚度在内。

甲板边线：甲板型表面与船体表面的交线。

甲板中线：甲板型表面与舯纵剖面的交线。

左舷、右舷：当面向船首时，左边称左舷，右边称右舷。

艏垂线：通过设计水线与艏柱前缘（木质渔船为船侧外板和艏柱交点处）的交点作设计水线的垂线。内河船系指通过船长（L）艏端点的垂线。

艉垂线：过艉柱后缘与设计水线的交点作设计水线的垂线，若无艉舵柱则取舵杆中心线。内河船是指通过船长（L）艉端点的垂线。

舷弧：甲板边线的纵向曲度。舷弧的作用，主要是为了减小船首、船尾处波浪涌上甲板的可能性。

艏舷弧：艏垂线处的甲板边线较船中处的甲板边线所高出的距离。

艉舷弧：艉垂线处的甲板边线较船中处的甲板边线所高出的距离。

梁拱：船的甲板是从中央向两舷逐渐下降，中间较舷边高出的部分称为梁拱。

基线：为舯纵剖面与基平面的交线。

型线图的基本投影面就是图 3-3 所示的三个相互垂直的平面。但这三个平面和船体相截所得的截面图如图所示尚不能完整地表达船体的型表面。因此，尚需补充若干个平行于三个基本投影面的剖面，等间距对船体取剖面，得到三组投影图，即横剖线图、纵剖线图、半宽水线图，从而组成船体型线图，如图 3-4 所示。

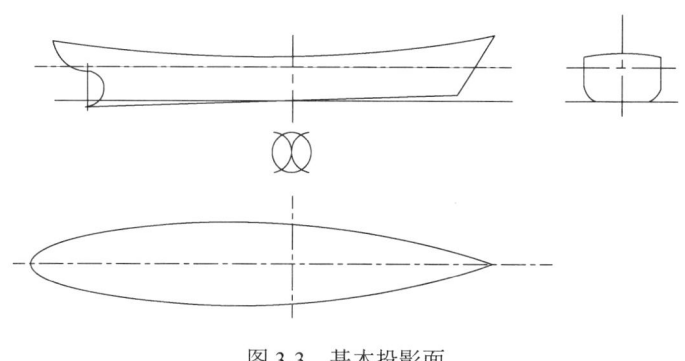

图 3-3　基本投影面

型线图（图 3-4）是船舶设计计算与建造放样的重要依据，也是船体图纸中最重要的图纸之一。

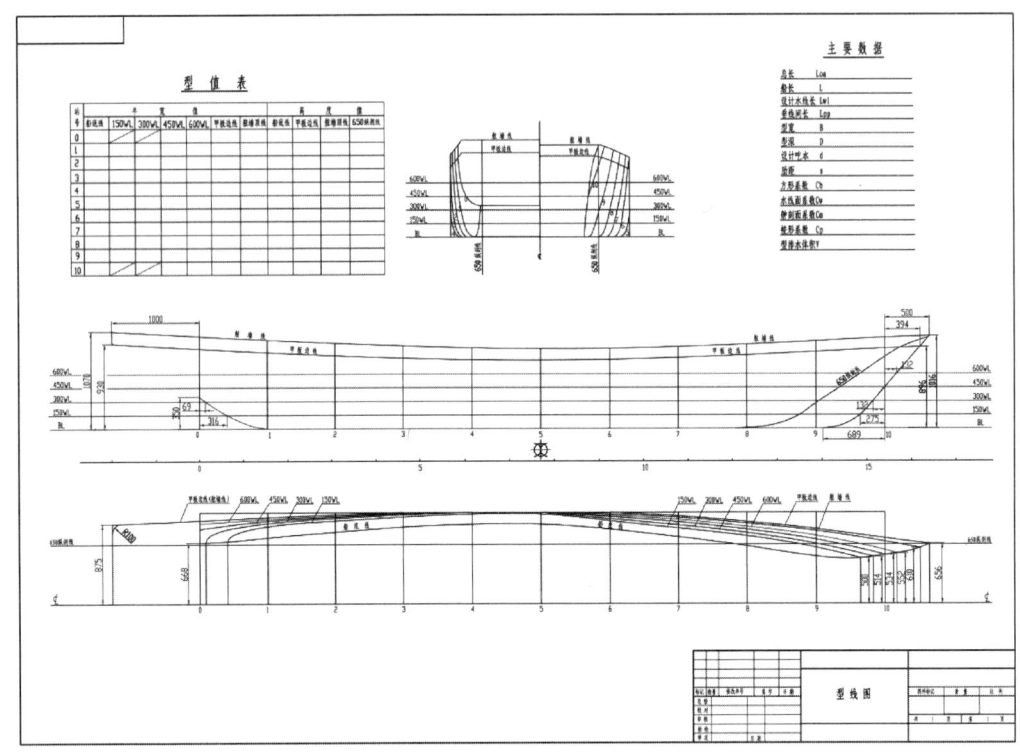

图 3-4　型线图

纵剖面与纵剖线：平行于艏纵剖面所作的诸平面，称为纵剖面。纵剖面与船体的交线称为纵剖线。纵剖线在艏纵剖面上的投影是它们的真实形状，而在艏剖面及设计水线面上的投影呈直线形状。纵剖线的数量，视船舶的宽度及兴线的形状在每舷取 2～5 根。

横剖面与横剖线：平行于艏剖面的诸平面称为横剖面。横剖面与船体表面的交线称为横剖线。横剖线在艏剖面上的投影是它们的真实形状，而在艏纵剖面及设计水线面上的投影呈直线。通常在型线图中，等距离横剖线的数量取 21 根。其中，船首部分取 10 根，船尾部分取 10 根，船中部分取 1 根（在小型船如渔船等船舶的型线图中也有取 11 根的，即船首部分 5 根，船尾部分 5 根，船中部分取 1 根）。横剖线的编号称为站号，站号自艉向艏依次为 0，1，2，3，…，由于船体是左右对称的，通常横剖线只绘制一半，由艏至艉的横剖线绘于右边，由艏至艉的横剖线绘于左边。

水线面与水线：平行于设计水线面所作的诸平面，称为水线面。它与船体表面的交线称为水线。这些水线在设计水线面上的投影是它们的真实形状，在艏纵剖面与横剖面上的投影为直线。船体是左右对称的，因此在绘图时，只绘制一半，通常绘制左舷，这些等距离的水线数量通常取 7～10 根（包括基线及设计水线以上的水线在内，设计水线以上的水线数，视船舶干舷高度而定，渔船通常取 1 或 2 根即可）。

如果在船中前后有一段船体的横剖面形状和艏剖面形状相同者，称为平行中体；在其后部称为后体；在其前部称为前体。

二、主尺度

船体主尺度包括船长、船宽、型深与吃水等。

1. 船长

总长 L_{OA}（m）：船舶最前端至最后端之间包括外板和两端永久性固定突出物在内的水平距离，如图 3-5（a）所示。

船长 L（m）：指沿船舶最小型深的 85%处水线，由艏柱前缘量至舵杆中心线的长度，但不得小于该水线长（不包括附体）的 96%，如图 3-5（b）所示，图中 A.P.代表艉垂线，F.P.代表艏垂线。对挂桨（机）船、无舵船或舵在舷外船按该水线长的 100%计取；非金属船舶要包括船壳板的厚度；对无船舶图纸资料的现有船，其船长可按上甲板长度的90%计算（引自《渔业船舶法定检验规则（船长大于或等于5m但小于12m内河渔业船舶法定检验技术规则2008）》）。通常主尺度列表中如未作说明，所指的船长就是该船长。

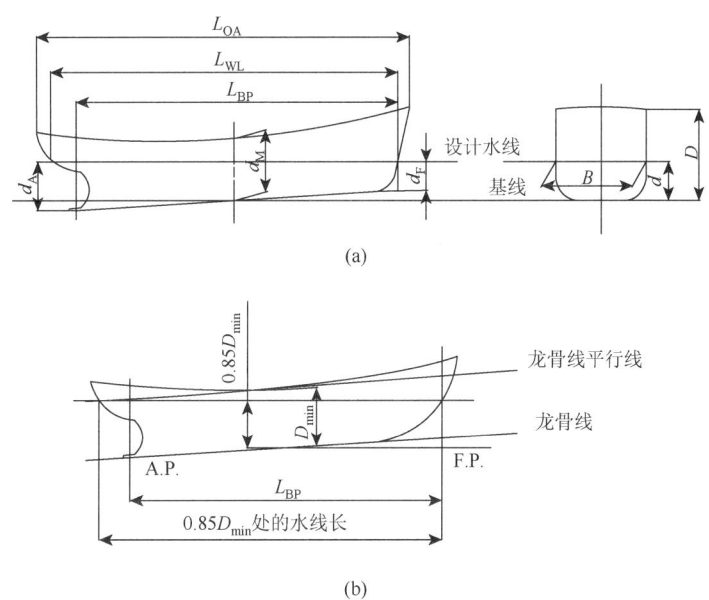

图 3-5　船体主尺度（长）

2. 船宽

船宽 B（m）：除另有明文规定外，船宽是指船舶的型宽，即在船中处船壳板内表面的最大水平距离（不包括舷伸部分），如图 3-6 所示。非金属船舶包括船壳板厚度。

3. 型深

型深 D（m）：泛指在舷侧处计量由龙骨线至干舷甲板下表面的垂向距离（图 3-6）。

（1）对于无甲板船，量至舷顶。

（2）对具有圆弧形舷缘的船舶，量至甲板下表面的延伸线。

（3）当工作甲板呈阶梯形时，升高甲板部位的型深计量至较低甲板平行于升高甲板的延伸线。

(4) 除另有明文规定外，一般是指船中处的型深。

4. 吃水

吃水 d（m）：泛指船舶龙骨线浸没的深度。如无特殊说明，一般指平均吃水（图3-6）。

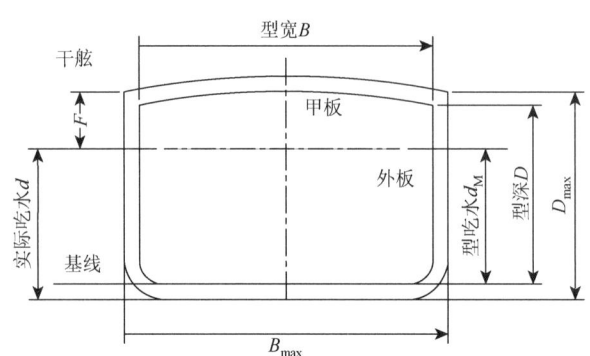

图3-6 船体主尺度（宽、深）

三、与主尺度相关的技术术语

艏、艉垂线：除另有明文规定外，一般是指通过船长艏、艉端点的垂线。

船中：指船长的中点处。

龙骨线：指在船舶舯纵剖面上，通过船中定点且平行于龙骨的直线，该定点的垂向坐标按照下述方法确定。

(1) 无方龙骨的船舶为金属船龙骨板的内表面或非金属船龙骨板外表面。

(2) 有方龙骨的船舶为船壳板与方龙骨侧板的交点，金属船取在内表面，非金属船取在外表面。

上层建筑及甲板室：在干舷甲板上，由一舷伸至另一舷的或其侧壁板离船壳板向内不大于4%船宽的建筑物为上层建筑，即艏楼、桥楼、艉楼；其他围壁建筑为甲板室。

封闭上层建筑：指能保证风雨密的上层建筑。

强力甲板：指上层连续全通甲板或船中部区域长度不小于 $0.15L$ 的上层建筑甲板和该上层建筑甲板区域以外的上层连续甲板。

船中部区域：指船长中点处前后各为 $0.2L$ 之间的区域。

船首部区域：指船中部区域以前的部分。

船尾部区域：指船中部区域以后的部分。

最大吃水：指船舶的最大允许作业吃水。

舷弧：甲板边线的纵向曲度。舷弧的作用，主要是为了减小船首、尾处波浪涌上甲板的可能性。

艏舷弧：艏垂线处的甲板边线较船中处的甲板边线所高出的距离。

艉舷弧：艉垂线处的甲板边线较船中处的甲板边线所高出的距离。

梁拱：船的甲板是从中央向两舷逐渐下降，中间较舷边高出的部分称为梁拱。

基线：为舯纵剖面与基平面的交线。

干舷：船中处从甲板线的上缘量至载重线上缘（或最深作业水线）之间的垂向距离。

敞口船：从船首至船尾不具有风雨密的连续露天甲板的船舶。

风雨密：在任何水文气象条件下，水都不会渗入结构内。
水密：在设计水压力下，任何方向水均不能渗入结构内。
干舷甲板：用以量计干舷的甲板，通常指毗邻于水面的第一层甲板，当该甲板呈阶梯形时，应以较低甲板及其平行于较高甲板的延伸线作为干舷甲板。
新建船舶：指处在安放龙骨或相应建造阶段起至船舶建造完工日期间的船舶。
营运船舶：指非在建船舶。
首制船：指某一船厂建造的某型船舶中的第一艘船。
姊妹船：指某一船厂批量建造的某型船舶中的首制船及其同型船。

第二节 尺度比与船型系数

一、尺度比

船舶主要尺度进一步说明了船体几何特征，现介绍与船舶的性能有密切关系的几个主要尺度比值。

长宽比（L/B）：其比值与船的速航性和航向稳定性有关，比值大，则速航性与航向稳定性好；反之则差。

宽度吃水比（B/d）：其比值大，稳定性好，但对速航性有不利影响；比值小，对稳定性不利，但对速航性有利。

长深比（L/D）：其比值与船体总纵强度有关。长深比小，对总纵强度有利；反之则不利。《内河钢船建造规范》《玻璃纤维增强塑料渔业船舶建造规范》对长深比的适用范围见表 3-1。

表 3-1 两种船舶建造规范中宽深比的适用范围

内河船质		L/D		B/D	
		A 级	B、C 级	A 级	B、C 级
钢质	机动船	≤25.0	≤30.0	≤4.0	≤4.5
	非机动船	≤28.0	≤33.0	≤5.0	≤5.0
玻璃钢渔船（海船）（河船）		≤14.0		≤2.5（连续甲板船）	
		≤18.0		≤4.0（连续甲板船）	

型深吃水比（D/d）：比值大，对船的抗沉性、船体总纵强度及船体内部的容积有利；反之则不利。

宽深比（B/D）：其比值与船体强度有关。比值越大，船越扁浅，强度就差。《内河钢船建造规范》《玻璃纤维增强塑料渔业船舶建造规范》中宽深比的适用范围见表 3-1。

长度吃水比（L/d）：其比值与船的回转性有关。比值小，船转向灵活，但航向稳定性差。

长度小于 12m 的无甲板船，上述规定可适当放宽，但应经渔业船舶检验局同意。

干舷宽度比 F/B 和 B/D 的比值与稳性有关，小型船舶、挂桨（机）船、非机动船等用该比值作为稳性的衡准。

二、船型系数

为了说明船舶水下部分的几何特征,通常还要用一些无因次的船型系数表示,这些系数如下。

(1) 方形系数 C_B:排水体积 ∇(就是船舶的水下体积)与长方体体积($L \times B \times d$)之比,如图 3-7 所示。

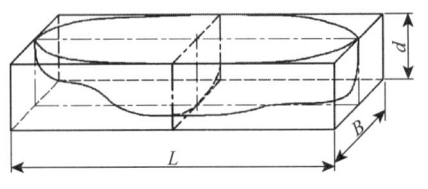

图 3-7　方形系数

(2) 舯剖面系数 C_M:设计水线以下的舯剖面面积 A_M 与矩形面积($B \times d$)之比,如图 3-8 所示。

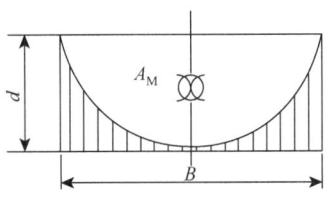

图 3-8　舯剖面系数

(3) 水线面系数 C_{WP}:设计水线面面积 A_W 与矩形面积($L \times B$)之比,如图 3-9 所示。

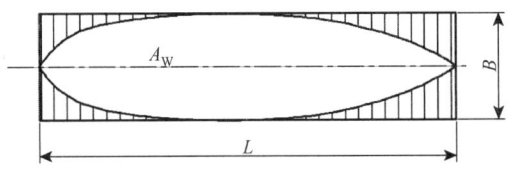

图 3-9　水线面系数

(4) 棱形系数 C_P:排水体积与棱柱体体积($L \times A_M$)之比,如图 3-10 所示。

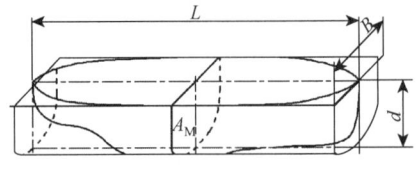

图 3-10　棱形系数

(5) 垂向棱形系数 C_{VP}:排水体积与其水线面面积 A_W 和吃水 d 所构成的棱柱形体积之比,如图 3-11 所示。

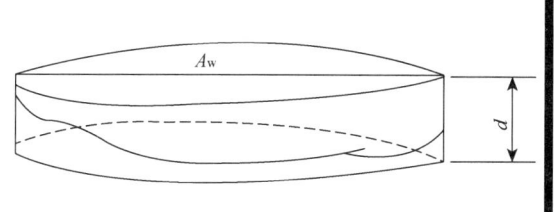

图 3-11　垂向棱形系数

方形系数表示排水体积的肥胖程度。舯剖面系数表示舯剖面以下部分的丰满程度。水线面系数表示设计水线面的丰满程度。棱形系数表示排水体积沿船长分布情况,或表示艏、艉部分相对于舯部的丰满程度。垂向棱形系数表示排水体积沿吃水的分布情况,垂向棱形系数大,则表示排水体积沿吃水分布均匀;反之,则表示排水体积主要分布于设计水线处。

表 3-2 为主尺度比和船型系数的大致范围。

表 3-2　渔船主尺度比和船型系数表

船舶类型	比值			船型系数			
	L/B	B/d	D/d	C_B	C_P	C_{WP}	C_M
渔船	4～6	2.4～3.0	1.1～1.3	0.48～0.66	0.58～0.70	0.76～0.81	0.77～0.98

内河船的方形系数,一般为 0.43～0.55,装载要求大的船如冷藏运输船在 0.7 左右。

思　考　题

1. 什么是龙骨线? 渔船的龙骨线有什么特点? 这种设计的优势是什么?
2. 船长的定义是什么?
3. 金属船和非金属船的船宽 B 有何区别?
4. 什么是干舷?
5. 方形系数如何定义?

第四章　船体结构及连接

第一节　船体强度

一、概述

　　渔船结构与其他工程结构一样，必须考虑结构本身的坚固性、经济性和使用性。渔船常在风浪中航行和作业等，在使用过程中常常会发现有些船的外板或甲板发生凹凸变形，舱壁发生弯曲，支柱压弯，开口转角处产生裂痕等情况，也有因为船体发生严重变形，影响正常使用，少数船舶甚至断裂为两段，造成严重的海损事故。因此，船体结构的坚固性和水密性的要求比一般工程结构高。

　　船体发生变形或破损的原因是多种多样的。归纳起来，可以分为两方面：一方面是船体受到外力作用，如重力、浮力、波浪冲击力、摇荡时的惯性力、机器的振动力以及进坞坐墩时的支承力等，偶尔还可能受到碰撞、搁浅、触礁等产生的作用力。这些力是船体发生变形和破损的外界原因；另一方面是船体结构本身不够牢固，即船体构件的尺寸太小，或者是结构型式、构件布置方式以及连接形式不合理，或者是船体建造质量低劣，材料性能不合要求等而承受不了外力的作用。船体结构本身不够坚固，是船体发生变形和破损的原因。因此，为了保证船体在各种外力作用下，不致产生较大的变形和破损，船体结构就必须具有足够的坚固性。具有足够坚固性的能力称为船体强度。

　　船体在满足强度的条件下，还必须使船体本身的质量尽可能减轻，以利于提高船舶的使用性能和降低建造成本。研究船体强度的目的就是寻找合理的结构设计，即选择合理的结构型式，确定合理的构件尺寸，以便能设计出质量最轻、材料最省、使用方便、易于施工、造价低廉而且有足够强度的船体结构。

　　船体结构的强度和其他工程结构相似，通常用结构中的应力和变形数值来衡量。为此，必须先确定作用在船体上的各种外力，然后根据外力求出船体结构中产生的应力及变形，最后确定结构中所允许的应力及变形的数值，并进行强度核算。这样，船体强度所研究的内容包括确定外力、计算内力及强度核算三部分。

二、作用在船体上的力

　　船舶从建造、下水、停泊、航行及进船坞修理等全部过程中，受到各种外力的作用。

　　1. 重力

　　船体结构所承受的重力，主要是指船体结构本身的重量，动力装置及各种舾装设备等重量，即空船重量和各种装载重量（如货物、船员及行李、燃油、水、供给品等重量）两大部分。其中，空船重量是不变的，重量的分布与船舶的总布置有关；而装载重量是可变的，它的分布视装载情况而定。在重力的作用下，船体将产生整体变形和局部变形。例如，装载货物的甲板和船底在货物或机器重力的作用下，将产生弯曲。

2. 水压力

船舶在水中，船体要承受水压力的作用。作用在船体上的水压力可以分为水平方向水压力和垂直方向上的水压力。水平方向水压力的大小与船舶吃水有关，吃水越深，水压力就越大，沿着水深，它的分布呈三角形；垂直方向上的水压力就称为浮力，浮力的大小与分布取决于船体水下部分的形状。通常，船体中部肥胖，首尾尖瘦，因而浮力沿船长方向分布为中间浮力大，并向两端逐渐减小。在水压力作用下，船体将产生整体变形和横向弯曲变形。

3. 由重力和浮力不平衡引起的总纵弯曲力

船舶在静水中作用在船体上的重力与浮力，就整个船舶来说是相互平衡的。但从局部来看则不一定平衡。这是因为重力和浮力的大小在船长方向的分布情况不同。重力和浮力沿船长分布的曲线称为重力曲线和浮力曲线，重力和浮力的差值就是作用在船体上的载荷，载荷沿船长分布的曲线称为载荷曲线。

这种由重力和浮力沿船长方向分布规律不一致所引起的并作用于船体上的载荷将使船体发生纵向弯曲（将船体当作一根变截面空心梁）。这种弯曲称为船体在静水中的总纵弯曲。

船体在外力载荷作用下产生弯曲变形，在船体内部产生了内力，即为剪力和弯矩。剪力和弯矩沿船长的分布曲线称为剪力曲线和弯矩曲线，它们表示船体产生总纵弯曲时各个剖面上的剪力和弯矩。使船体产生总纵弯曲的力矩称为总纵弯曲力矩。

剪力曲线与弯矩曲线的特点是：最大弯矩值 M_{max} 在剪力等于零处，一般总是位于船体的舯部；而最大剪力值 N_{max} 大致位于距艏艉 1/4 船长处；船体两端的剪力与弯矩都等于零。这是因为船体两端是没有约束的，相当于完全自由端。

渔船实际上大部分时间在波浪中航行，此时船体内产生的剪力和弯矩较静水时大，若波浪长度等于船长，则船体某些范围内的重力与浮力不平衡现象更为严重，因此船体总纵弯曲也就比较厉害。当波峰在船中而波谷在船首、尾时，整个船体呈中部向上、首尾向下的弯曲，称为中拱；当波谷在船中而波峰在船首、尾时，整个船体产生船中部向下、首尾向上的弯曲，称为中垂。中拱时，甲板受拉，船底受压；中垂时，甲板受压，船底受拉。因为波浪起伏是周期性变化，所以船体在波浪中的中拱和中垂弯曲也是交替变化的，甲板和船底的受力也是交替变化的。若船体本来在静水中就有中拱或中垂，则在波浪中会加剧中拱和中垂现象。

总纵弯曲涉及整个船体，对船体坚固性影响最大。当船体结构不能承受总纵弯曲所产生的作用力时，船体就可能破损甚至断裂，造成难以挽回的局面。因此，分析总纵弯曲时船体结构受力，是决定船体结构型式和构件尺寸的主要因素。

三、船体强度类型

根据船体结构特点，以及通过对上述作用在船体上的力分析可知，船体强度包括总纵强度、横强度、局部强度和扭转强度。

1. 总纵强度

船体结构抵抗总纵弯曲（中拱与中垂）而不使整体结构遭受破损或严重变形的能力称为总纵强度。

船体是一根变截面的空心梁，或者说，相当于一根工字梁，甲板与船底为工字梁上下翼板，舷侧为工字梁腹板，它对总纵弯曲的抵抗能力是由其剖面模数决定的。当船体的横剖面形状和构件尺寸确定时，剖面模数仅随剖面中的纵向连续构件的高度位置而变，而与构件的横向位置无关。

船体上最大的总纵弯曲应力通常出现在上甲板和船底板。

一般船体中的中和轴都靠近船底，因而上甲板是离中和轴最远的构件，该处的剖面模数最小。

2. 横强度

船体结构在外力作用下，除产生总纵弯曲之外，还会产生横向弯曲。这种弯曲是由于水压力以及在甲板上和在舱底有货载，在水压力和货载重力作用下，船体结构产生横向弯曲变形。横强度就是船体构件如肋骨框架和横舱壁等抵抗横向弯曲而不发生严重变形或破损的能力。

船体结构中，保证横强度的主要是横向构件，这包括横舱壁和由肋骨、横梁、肋板等组成的肋骨框架。一般来说，船体总纵强度足够时，用通常的建造方法，船体也就有足够的横强度。船舶极少有因为横强度不足而发生构件断裂的情况。

3. 局部强度

船体结构受到外力作用后，除发生整体变形或破损外，还有仅涉及个别结构的变形或破损。例如，外板及甲板在骨架间的凹凸变形、舱壁的弯曲、舷侧结构在横舱壁之间的内凹、支柱被压弯、肘板的撕裂、开口转角处的裂缝等，这些都是局部变形或破损。局部强度就是船体结构某一部位受到局部作用力而不发生严重变形或破损的能力。与总纵强度相比，局部强度是局部性的，而有时局部的破坏也会导致全部的断裂。例如，因大开口转角处的应力集中产生的裂缝蔓延，有时可能造成全船的断裂；另外，有时船体的总纵强度能保证，但局部强度不一定能保证。因此，船首承受波浪冲击的区域，以及船尾承受螺旋桨工作时水动压力处的结构，应进行适当加强。在主机、锅炉、渔获物或其他货物、吊杆柱、桅杆、救生艇架、带缆桩、网板架、起锚机等荷重和受力较大处，相应的构件尺寸要足够大，并采取有效的局部加强措施。又如，尾滑道拖网渔船的尾部滑道应有足够的强度，滑道及侧壁受网具磨损处要设置防擦材料进行适当加强。总之，局部强度是采取局部加强方法来解决的。

4. 扭转强度

当船舶斜置于波浪上造成浮力不对称或在装载过程中造成艏、艉区两舷的货物分布不对称于纵中剖面时，都会引起扭矩的作用使船体产生扭转变形。

船体结构抵抗扭转变形，使之不遭受严重破坏的能力称为扭转强度。对于一般甲板开口不大的船舶，扭转变形较小，在总纵强度满足的情况下，扭转强度基本上能保证。但是，对于具有甲板大开口的船舶，如集装箱，则必须考虑扭转强度。

第二节　钢质船体结构及连接

一、船体板架

钢质船体结构基本构件是钢板和骨材。骨材（肋骨、横梁、纵骨、扶强材、纵桁等）在船体结构中纵横交错地形成骨架。

钢板和骨架组合构成板架，整个船体就是由船底、舷侧、甲板和舱壁等板架以及艏、艉构件所组成的水密空心结构，如图4-1所示。钢板和骨架的组合，大大提高了结构承受外力的能力，即提高了结构的强度，并使钢板的厚度减小到最低限度。这样，既节省了钢材，减轻了结构的质量，又提高了船舶的装载量。因此，船体上的钢板都离不开骨架，并在一起形成板架。

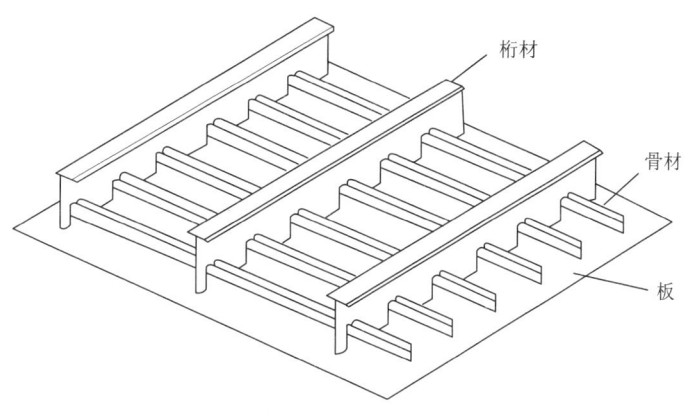

图4-1 板架结构

二、船体骨架型式

船体构件通常沿船长方向和船宽方向布置。沿船长方向布置的构件称为纵向构件，沿船宽方向布置的构件称为横向构件。如果船体结构的某一部分，如船底、舷侧、甲板等，其横向构件尺寸小且布置得密，间距小，而纵向构件布置得稀，间距大，则这种型式的结构就称为横骨架式；反之，其纵向构件布置得密，间距小，而横向构件尺寸大且布置得稀，间距大，这种型式的结构就称为纵骨架式。就整个船体结构型式来说，可以分为三类。

1. 横骨架式

如果船体各部分都是由横骨架式组成的，就称为横骨架式船体，如图4-2所示。横骨架式结构是钢质船舶中最早采用的结构型式，其优点是横强度好，建造简单方便，容易装配，船舶利用率也比较高，广泛应用于渔船、中小型沿海船舶、内河船舶以及大型船舶的艏、艉端结构。

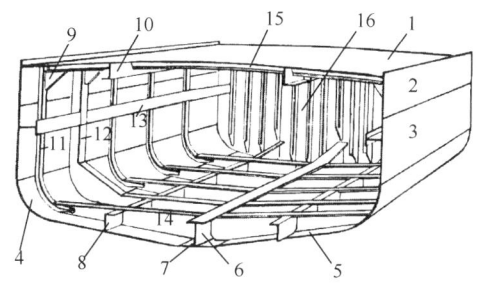

图4-2 横骨架式船体结构

1. 甲板板；2. 舷顶列板；3. 舷侧板；4. 舭列板；5. 船底板；6. 中内龙骨；7. 平板龙骨；8. 旁内龙骨；9. 梁肘板；10. 甲板纵桁；11. 肋骨；12. 强肋骨；13. 舷侧纵桁；14. 肋板；15. 横梁；16. 横舱壁板

2. 纵骨架式

如果船体各部分都是由纵骨架组成的,就称为纵骨架式船体。随着大型和高速船舶的出现,船舶的长度大为增加,对船体总纵强度要求越来越高,一般横骨架式的总纵强度就显得不够,对此通常可采用纵骨架式的船体结构,如图4-3所示。纵骨架式一般用于快速军舰、大型货船和油船。纵骨架式的缺点是不及横骨架式建造方便;由于横向构件大,有效容积利用率较低。

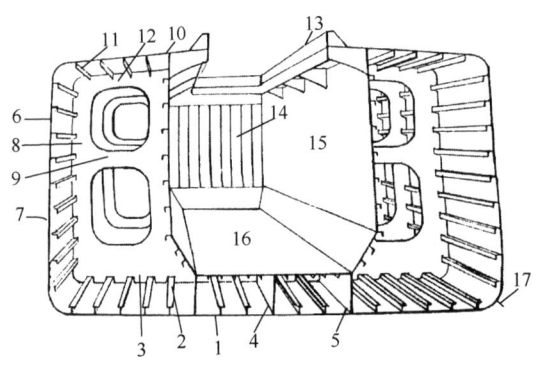

图4-3 纵骨架式船体结构

1. 船底板;2. 船底纵骨;3. 肋板;4. 中桁板;5. 旁桁板;6. 舷底裂板;7. 舷侧纵骨;8. 强肋骨;9. 撑杆;10. 甲板;11. 甲板纵骨;12. 强横梁;13. 舱口围板;14. 横舱壁;15. 纵舱壁;16. 内底板;17. 舭龙骨

3. 混合骨架式

纵横方向的骨架间距相差不多,板格的形状接近正方形。这种骨架式除了在特殊场合下,一般在船体结构中很少用到。

根据强度和使用要求,船体结构可采用纵骨架式板架和横骨架式板架的组合形式,如近代大、中型船常在强力甲板和船底采用纵骨架式,舷侧和下甲板采用横骨架式,这种同时采用两种骨架式的船舶称为混合骨架船。根据弯矩和弯曲应力在船体上的分布特点,这样做是合理的。

船体结构型式除按上述分为三类外,还有单底与双层底之分。单底结构用于船体首尾,以及油船的油舱部分和所有小型船舶上;双层底结构则在一般海船上普遍采用。内河还有一种从船首至船尾不具有风雨密的连续露天甲板的船舶,称为敞口船。

三、船体建筑型式

船体是由主船体和上层建筑两大部分组成的。上甲板以下的船体结构称为主船体。在主船体里两层甲板之间的空间称为甲板间,下甲板与船底之间的空间一般称为船舱。

甲板上的各种建筑物,统称为上层建筑。它可分为两种型式:一种是左右两侧壁延伸至舷边,称为上层建筑或船楼;另一种是不延伸至船舷,称为甲板室。船楼在船中部的称为桥楼,在艏部的称为艏楼,在艉部的称为艉楼。不参加抵抗总纵弯曲的称为轻型结构、轻型上层建筑和甲板室。

船舶的内部空间,在型深方向由甲板来划分,而在船长或船宽方向由横舱壁和纵舱壁来划分,而从形成了各种不同用途的舱室。

就甲板而言,从船首一直铺到船尾的甲板称为连续甲板,最上一层连续甲板简称为上甲板。上甲板以下的连续甲板称为下甲板。在船体内不延伸至全船的局部短甲板称为平台。上甲板以上的上层建筑还有很多层甲板。最高一层甲板通常布置罗经称为罗经甲板；驾驶室所在一层甲板称为驾驶甲板；布置救生艇一层甲板称为艇甲板；旅客和船员居住的甲板称为起居甲板。

舱壁的数量是根据船体强度要求以及航海性能和使用要求决定的。对机舱在船中部的渔船而言，至少要设置 4 道水密舱壁。艏端横舱壁称为艏尖舱舱壁，又称防撞舱壁；艉端横舱壁称为艉尖舱舱壁；艏、艉尖舱壁必须是水密的。上层建筑的舱壁一般都以其所在舱室名称来命名，如驾驶室前端壁、船员舱舱壁等。

四、船体主要结构

船体主要结构有外板结构、船底结构、舷侧结构、甲板结构、舱壁结构、艏、艉结构、上层建筑和甲板室结构等。

1. 外板结构

外板是船体结构的基本组成部分之一，它是由许多钢板焊接而成的，构成了船舶的水密外壳，保证了船舶的浮性，如图 4-4 所示。同时，外板又是承受总纵弯曲、水压力、波浪冲击力、冰块挤压以及偶然性的碰撞力等各种外力的主要构件之一。

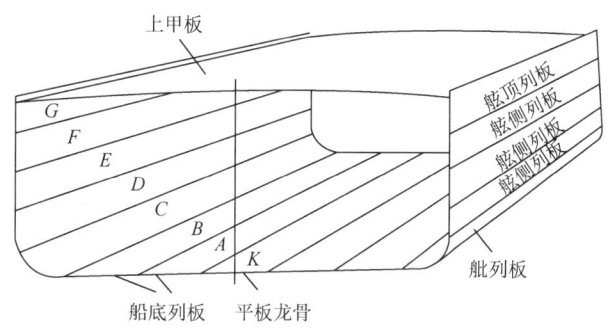

图 4-4 外板的排列及名称

外板的各列板都有专门的名称，位于船底的各列板统称为船底列板，其中位于船体中心线的一列板称为平板龙骨。由船底过渡到舷侧的弯曲部分称为舭部，该处的列板称为舭列板。舭列板以上的外板称为舷侧列板，其中位于舷侧最上列并与上甲板相连接的称为舷顶列板。

外板因其所在位置不同，受力也就不同，其厚度在保证强度的前提下也有相应的变化。船长方向：船中部 0.4L 区域内，外板较厚且保持不变；而艏、艉端 0.1L 区域内，外板可薄些；两者之间，其厚度应逐步过渡。型深方向：船底板和舷顶列板的厚度较大，舷侧板的厚度较薄。平板龙骨在建造、进坞修理或搁浅时，受到龙骨墩及浅滩的反作用力比较大；同时，平板龙骨所处位置容易积水，锈蚀较为严重。因此，平板龙骨厚度要比船底板厚，渔船平板龙骨要比船底板厚 1mm。而且平板龙骨的宽度和厚度自船首至船尾应保持不变。

2. 船底结构

船底位于船体的最下部，是保证船体总纵强度和局部强度的重要板架结构。它承受总纵弯曲、水压力、货物、机器等载荷以及进坞时墩木的反力等。由于船舶的大小和用途不同，船舶底部有单底和双层底两种型式，单底和双层底又都有横骨架式和纵骨架式两种型式。

单底结构只有一层船底板，结构简单，施工方便，大多用于小型船舶和大、中型船舶的艏、艉端。双层底除船底板外，还有由底板和内底边板组成的一层水密内底。它增加了船舶底部的抗弯能力，提高了强度。当船底在触礁和搁浅等意外情况下受到破损时，双层底能保证船舶的安全，提高了船舶的抗沉性；同时，双层底舱的空间可以装载燃油、润滑剂和淡水，或用作压载水舱，充分利用了底部空间，又可以用压载水来调整船舶的纵倾和横倾，降低船舶的重心，改善船舶的航海性能。

内河渔船多采用横骨架式单底结构，由中内龙骨、旁内龙骨、肋板和舭肘板等构件组成，如图4-5所示。

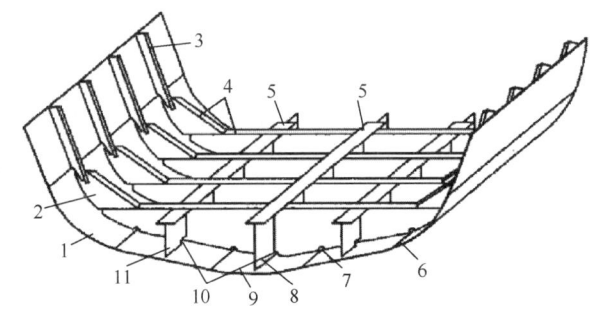

图4-5 横骨架式单底结构

1. 肋骨；2. 折边面板；3. T型面板；4. 板接缝；5. 流水孔；6. 中内龙骨；7. 平板龙骨；8. 焊缝切口；9. 旁内龙骨；10. 舭列板；11. 舭肘板

3. 舷侧结构

舷侧结构的主要作用在于保证船体的水密性以及船体的总纵强度、横强度和局部强度。作用在舷侧结构上的外力有舷外水压力、舱内货物的横向压力或液体压力、总纵弯曲应力，以及波浪冲击、碰撞、冰块挤压等力。因此，舷侧必须与船底及甲板牢固地连接，以便相互传递作用力，保证强度和刚性。

舷侧结构有横骨架式和纵骨架式两种。横骨架式结构制造方便、横向强度好，适用于内河船、渔船及远洋和沿海货船。根据肋骨布置方式，还可分为单一肋骨式和强肋骨式。纵骨架式由强肋骨和舷侧纵骨等组成，通常应用于军船、油船和矿砂船。

内河船常见的舷侧结构为横骨架式结构，由主肋骨、强肋骨、舷侧纵桁、舭肘板、梁肘板等构件组成，如图4-6所示。这种结构制造方便、横向强度好。

4. 甲板结构

船舶主船体部分设有一层或几层全通甲板。小型船舶仅有一层甲板，而大型船舶往往设置两层或多层贯通全船的连续甲板，将船体从上到下进行分隔。

甲板结构有纵骨架式和横骨架式两种。纵骨架式通常应用于大型船舶的上甲板。它由甲板板、甲板纵骨、甲板纵桁、强横梁、舱口围板和支柱等构件组成。横骨架式通常应用在渔船、内河船以及沿海中小型船的上甲板，大型船舶的下甲板。它由甲板板、横梁、甲板纵桁、舱口围板和支柱等构件组成，如图4-7所示。

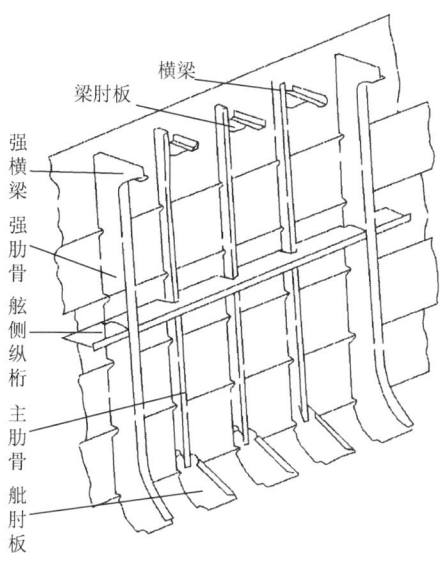

图 4-6 强肋骨式横骨架舷侧结构

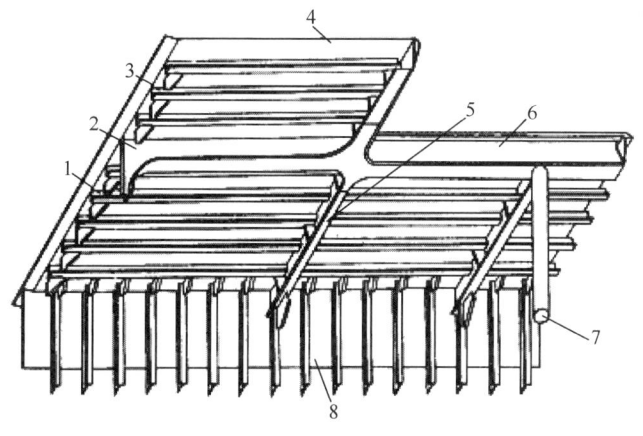

图 4-7 横骨架式甲板结构

1. 横梁；2. 舱口端横梁；3. 半横梁；4. 甲板板；5. 甲板纵桁；6. 舱口围板；7. 支柱；8. 横舱壁

作用在甲板骨架上的力主要有船体总纵弯曲引起的拉伸和压缩应力，甲板上货物、人员、设备及涌上甲板的波浪等横向载荷。

5. 舱壁结构

船上设有许多横向和纵向布置的舱壁，将船体内部空间分隔为若干舱室，供居住、工作、装载货物、备品及燃油等用。设置防撞舱壁、水密舱壁，有利于提高抗沉性。此外，舱壁还可以防止烈火蔓延和毒气扩散。舱壁的数量是根据船体强度要求以及航行性能和使用要求确定的。艏端横舱壁称为艏尖舱舱壁，又称防撞舱壁；艉端横舱壁称为艉尖舱舱壁；艏、艉尖舱舱壁必须是水密的。对中机型的渔船而言，至少要设置 4 道水密舱壁，而对艉机型的渔船而言，至少应设置艏、艉尖舱及机舱前壁三道水密舱壁。

横舱壁对保证船体的横强度和刚性有很大的作用，这对纵骨架式船舶尤为重要。此外，舱壁作为船底、甲板、舷侧等结构的支座，使船体各构件之间的作用力互相传递。横舱壁应装置在肋位上，并垂直于基线。它直接与舷侧板及甲板板焊接。它的下缘，在双层底船上与内底板焊接,并在横舱壁的下方设水密肋板;在单底船上,它直接焊在船底板上。在多层甲板船上,横舱壁在甲板处被切断,使甲板保持纵向连续。

舱壁的结构形式有两类,一类是由钢板和扶强材组成的平面舱壁,另一类是由压成槽形断面的钢板和适当的水平扶强材组成的。后者在同等强度条件下,质量轻、用材少,对装载液货和散粒货有利。

6. 艏、艉结构

艏部通常是指从船首到艏垂线向尾 $0.15L$ 处的区域,艉部通常是指艉尖舱舱壁以后的区域。艏、艉部与船中部相比,所受的总纵弯矩较小,因此作用在艏部上的外力主要是水压力以及航行时波浪的冲击力,水面漂流物和靠离码头时的碰撞力;作用在艉部上的外力主要是水压力、螺旋桨和舵的重力以及螺旋桨工作时的振动力和被螺旋桨扰动水的冲击力。以上的作用力都是局部性的,因此一般采用局部加强的方法来保证艏、艉部结构的强度。

艏部结构包括艏柱(钢板、铸造、锻造等)、艏部结构的加强(肋板升高、肋骨间距小、强胸横梁、舷侧纵桁等)。艉部结构包括艉柱、艉部结构的加强(肋板升高、肋骨间距小、强胸横梁、舷侧纵桁等)、艉轴架。

7. 船体其他结构

(1)主机基座结构:用以固定主机的底座结构称为主机基座结构,由基座纵桁、横隔板和肘板、加强肘板等构件组成。

(2)轴隧结构:轴隧是位于艉部的一种隧道式结构,并要求水密。一般有拱型与平顶型两种,其作用是保护推进轴系不受任何碰撞;防止船体海损时螺旋桨轴进水;同时防止螺旋桨轴受损时海水经艉轴套筒进入船体。一般在大、中型船舶上设置这种水密轴隧。

(3)舷墙结构:为保障人员安全,防止上浪和不使甲板上的物体因船舶横摇而滚落海中,一般在舷边上设置舷墙,即上层连续甲板以及上层建筑甲板的露天部分均应装设舷墙或栏杆。舷墙结构由舷墙板、舷墙面板和舷墙支承轴板组成。

(4)护舷材结构:渔船和一些工作船,因经常要停靠码头和以舷侧与其他船相靠,为了保护舷侧外板,需要装置护舷材。护舷材结构型式有木质和钢制两种,木质具有弹性,缓冲作用好,但易腐烂,需要经常更换,并且要用优质的木材。为了节省材料,现在多用钢制的护舷材。护舷材的尺寸大小根据船的大小而定。护舷材可为半圆形或加厚板。半圆形护舷材的板厚应不小于舷顶列板的厚度,其内部应设水平加强筋及垂直肘板,加强筋及肘板的厚度同护舷材的厚度。

(5)舭龙骨结构:渔船经常在风浪中航行或作业,摇摆剧烈,为此在舭部设有舭龙骨,以增加阻尼,缓和摇摆。但舭龙骨不宜过宽。舭龙骨不直接焊于外板,在舭龙骨与外板之间设有腹板。另外,舭龙骨板沿船长方向间接焊于腹板,以保证与外板连接强度不高,可防止在舭龙骨损坏时影响船体结构。

8. 上层建筑、甲板室及机舱棚

船体是由主船体和上层建筑两大部分组成的。上甲板以下的船体结构称为主船体。甲板上的各种建筑物,统称为上层建筑。它可分为两种型式:一种是左右两侧壁延伸至舷边或侧壁板离船壳板向内不大于4%船宽 B 的,称为上层建筑或船楼;另一种是不延伸至船舷,称为甲板室。船楼在船中部的称为桥楼,在艏部的称为艏楼,在艉部的称为艉楼。不参加抵抗总纵弯曲的称为轻型结构、轻型上层建筑和甲板室。

五、船体结构用钢

1. 一般要求

船用钢材的化学成分和力学性能，船用钢材的制造和试验，艉柱、舵柱、艉轴架、舵杆及其他结构用的锻钢件、铸钢件应符合规范的有关规定。

钢以外的其他材料应根据等效原则特殊考虑。

内河钢质渔船主船体的结构用钢应为 A 级船用钢（最小屈服强度 σ_s=235MPa、抗拉强度 σ_b=400～490MPa、延伸率 22%），若船检部门同意，也可使用沸腾钢，但应在材料证书上注明。

造船钢材的化学成分：船舶专用低碳钢 A 级，脱氧方法——半镇静、镇静、沸腾，化学成分（质量分数）如下。

碳：$w(C) \leqslant 0.21\%$（型钢最大可达 0.23%）。碳含量越多，钢的强度和硬度越高，但韧性（延伸率、断面收缩率、冲击韧性等）越低，钢的可焊性越差，焊接时易产生裂纹。

锰：$w(Mn) \leqslant 2.5w(C)$，应符合 $w(C)+1/6w(Mn) \leqslant 0.40\%$。锰能提高钢的强度、硬度和韧性。锰含量较高时，能大大增加钢的耐磨性，但韧性降低。锰是脱氧剂，能除氧而减少钢中的气孔，并能与硫形成化合物，减少硫的危害。适量的锰能提高焊缝的抗热裂的性能。

硅：$w(Si) \leqslant 0.35\%$（A 级钢小于等于 0.50%），是强脱氧元素，能改善钢的力学性能，焊接时能对熔池起镇静作用，使焊缝金属紧密；但硅含量过高，会在焊缝中产生氧化硅，降低其强度和韧性。硅含量是区分半镇静钢、镇静钢、沸腾钢的主要标志（沸腾钢硅含量不大于 0.07%；半镇静钢硅含量不大于 0.17%；镇静钢硅含量下限值为 0.12%）。

硫：$w(Si) \leqslant 0.035\%$，是钢中主要杂质，如含量增多会使钢产生热脆，焊接时易产生热裂缝，故船用钢材的含硫量应小于等于 0.035%。

磷：$w(P) \leqslant 0.035\%$，是钢中杂质，含量增多会使钢变脆，韧性显著降低，在温度<200℃时易使钢材和焊缝出现冷裂缝，故船用钢材的含磷量应≤0.035%。

钢中残余含铜量应小于等于 0.35%，铬、镍的残余含量应各小于等于 0.30%。

2. 材料级别

船体结构用钢按其最小屈服强度量值划分强度等级。$\sigma_s \geqslant 265$MPa 的为高强度钢，而 $\sigma_s < 265$MPa 为一般强度钢。一般强度钢分为 A、B、D、E 四个等级，A 级钢为普通质量钢（镇静钢），B 级钢为中间质量钢（碳含量小于 A 级的镇静钢），D 级钢为高质量钢（全镇静细晶粒钢），E 级钢为特种质量钢（全镇静细晶粒钢，含锰量高于 D 级钢而碳含量低于 D 级钢）。高强度钢按最小屈服强度分级，每一强度等级分为 A、D、E、F 四个等级。根据钢材的脱氧方法可分为沸腾钢、镇静钢和半镇静钢。沸腾钢冶炼时脱氧不完全，冷却时析出 CO，钢液呈沸腾状态。镇静钢冶炼时用脱氧剂，浇铸时析出气体少，钢锭安静凝固。半镇静钢所加脱氧剂较少，析出气体较少。沸腾钢与镇静钢相比，塑性好、可焊性差易产生焊接裂缝、低温冲击值低，但成本低。镇静钢具有较高的冲击韧性、较低的冷脆性和较好的可焊性。两者的强度指标相差不大。半镇静钢在低温下具有较小的冲击韧性，其他性能与镇静钢相近。

六、钢质船体连接

1. 连接方法

渔业船舶建造用钢材通常为一般强度结构钢,电弧焊的方法是首选。包括手工电弧焊、埋弧自动焊、CO_2气体保护焊等。

(1) 手工电弧焊:焊条由药皮和钢芯组成。药皮起到改善引弧、稳定电弧燃烧、排除外围空气、形成熔渣覆盖熔化金属表面及脱硫、脱氧、脱硫等作用。钢芯是由沸腾钢或半镇静钢拉制而成的,属优质低碳钢丝。

(2) 埋弧自动焊:埋弧自动焊的焊丝一般为裸丝,与手工电弧焊的焊条钢芯属同一国标,焊丝外有铜涂层,以防生锈和改善导电性能。焊剂的作用与焊条药皮相似。

(3) CO_2气体保护焊(半自动、自动保护焊):气体焊接用保护气体为CO_2,保护气体成分按规定分组,且应各自分别进行认可试验。为保证焊缝质量,焊丝必须采用比母体金属含更多的硅、铝、锰和钛等脱氧元素的合金,且碳含量应较低,以减少飞溅。应进行熔敷金属试验、多道半自动对接焊试验和角接焊试验。

2. 船体结构钢焊接材料

结构钢焊接材料按其屈服点可分为九个等级;各等级按其缺口冲击韧性又可划分成若干个级别。冲击韧性以数字1~5表示,高强度焊接材料以字母Y表示;若焊接材料的屈服点大于400MPa,则在字母Y后以数字40~69表示。其表达方式如2、2Y、2Y40等。含镍低合金钢焊接料则以钢中镍合金的含量(质量分数,单位为%)分为0.5Ni、1.5Ni、3.5Ni、5Ni和9Ni共五个级别表示。

对每一等级的结构钢焊接材料,凡符合较高韧性级别要求的,可以认为该材料也符合较低级别的要求。

船体结构所用的焊接材料(包括焊条、焊丝、焊剂和保护气体)应符合规范的有关规定,并应经船检部门认可。所选用焊接材料的级别应与船体结构用的钢级相适应,并符合表4-1的规定。

表4-1 焊接材料的选用

焊接材料级别	船体结构钢级
1	A
2	A、B、D
3	A、B、D、E

当被焊接的两块母材的钢级不同时,在结构不连续处或应力集中区域内选用与较高钢级母材相适应的焊接材料,其余部位可选用与较低钢级母材相适应的焊接材料。

对整体造船(起重设备不足)的焊接工艺要求:先焊纵横构架接头,再焊船壳板及甲板的板口,最后焊构架与船壳板及甲板的连接角接缝,前两者可同时进行;船壳板的对接缝先焊船内面再焊船外面(铲槽后),甲板的对接缝先焊内口(仰焊)后用碳弧气刨在外口开槽进行封底焊;所有焊缝由中向左右,由船中向船首和船尾,由下往上;甲板对接缝若是交叉接缝,应先焊横缝再焊纵缝;船壳板的对接缝是交叉布置时,先焊横缝(立缝)

再焊纵缝（横缝）；船首板对接缝，由下向上，横缝（立缝）和纵缝（横缝）交叉进行，再焊艉柱。

3. 常见焊缝的缺陷及其对策

焊接质量受诸多因素的影响，除钢材材质和焊接材料质量外，尚有坡口加工和装配的精度、坡口表面清理状况、焊接工艺参数、工艺规程、焊工技能以及气候条件等，任一处理不当都可能产生焊接的缺陷。常见的焊缝外观缺陷有焊缝外形尺寸和形状不良、咬边、满溢、弧坑等；焊缝内部缺陷有气孔、夹渣、未焊透或未熔合等；还有各种焊接裂纹，如热裂纹中的结晶裂纹和液化裂纹、再热裂纹、冷裂纹中的延迟裂纹和层状撕裂等。表 4-2～表 4-4 列出手工电弧焊、埋弧自动焊和 CO_2 保护电弧焊三种焊接方法常见焊缝的缺陷及其对策。表 4-2 中的部分焊缝的缺陷如图 4-8 所示。

表 4-2 手工电弧焊时出现的缺陷及其对策

缺陷	原因	对策
透焊度不够	（1）接头设计上的缺陷 （2）焊接速度太快 （3）焊接电流太小 （4）焊条的选择	（1）增加坡口角度或扩大间隙 （2）降低焊接速度，用适当的焊接速度，使熔渣走在前头 （3）在不破坏熔渣保护性能的基础上加大焊接电流 （4）选择适合坡口角度和直径适当的深熔焊焊条
焊缝外观不良	（1）焊接电流过高或过低 （2）运条方法不良 （3）焊接区过热 （4）焊接部位选择不良 （5）母材不干净	（1）调整到合适的电流值 （2）用合适的焊条速度，运条要一致 （3）避免焊接区过热 （4）选择合适母材厚度的焊条 （5）清理母材
咬边	（1）焊接电流过高 （2）电弧过长 （3）焊条角度和运条速度不良 （4）选错焊条	（1）用低电流 （2）缩短电弧长度 （3）保护适当的焊条角度和运条速度 （4）选择适合焊接规范的焊条
气孔	（1）焊条不良 （2）焊接区迅速凝固 （3）母材中的硫含量高 （4）钢材上附着油、涂料、锈 （5）电弧长度、电流或操作不适合 （6）焊条吸湿量大 （7）焊接速度过快 （8）焊接电流过低	（1）选择合适的焊条 （2）增加输入热量或预热 （3）使用低氢系焊条 （4）清理接头表面 （5）用规定范围内的电流和稍长的电弧 （6）在适合温度下干燥 （7）降低焊接速度 （8）提高焊接电流
焊坑	（1）母材的碳、锰含量过高 （2）厚板或急冷焊接 （3）母材中硫含量高	（1）使用碱性过高的焊条 （2）进行预热 （3）使用低氢系焊条
线状组织	（1）熔敷金属冷却速度快 （2）母材材质不良	（1）降低焊接速度 （2）使用母材材质的焊条
飞溅过多	（1）焊接电流高 （2）电弧过长 （3）焊条潮湿	（1）使用低电流 （2）缩短电弧长度 （3）干燥
夹渣	（1）运条速度过慢 （2）坡口形状或焊根间隙窄 （3）对前一层焊道除渣不充分 （4）焊接电流低 （5）焊接方法不当	（1）运条速度要做到焊渣不走到前面 （2）扩大焊根间隙 （3）充分除掉前一层焊道的焊渣 （4）提高焊接电流 （5）使焊条对接方向保持合适的角度
焊瘤	（1）运条速度过慢 （2）焊接电流过低 （3）焊条的选择问题	（1）加快运条速度 （2）加大电流 （3）使用合适焊接目的的系统和直径的焊条

续表

缺陷	原因	对策
裂纹	(1) 选错焊条 (2) 焊条潮湿 (3) 母材的碳锰等合金元素过多 (4) 焊条中的硫含量高 (5) 接头装配间隙参差不齐 (6) 焊道小而窄 (7) 电流过大或焊接速度过快 (8) 火口裂纹 (9) 接头拘束大	(1) 使用合适母材的焊条 (2) 干燥 (3) 预热或使用低氢系焊条 (4) 使用低氢型焊条 (5) 减少焊根间隙，在坡口表面先增加焊肉（预堆边焊） (6) 增加焊道断面积 (7) 用合适的电流和速度焊接 (8) 慢慢熄弧、填满弧坑 (9) 预热或使用低氢系焊条
变形和变位	(1) 焊接设计不当 (2) 接头过热 (3) 焊接速度过慢 (4) 焊接顺序不当 (5) 定位不充分	(1) 改变设计 (2) 使用低电流、使用熔深度小的电流 (3) 加快焊接速度 (4) 改进焊接顺序 (5) 充分定位

表 4-3 埋弧自动焊的缺陷及其对策

缺陷	原因	措施
裂纹	(1) 焊丝的焊机配合不当 (2) 熔敷部极冷使热影响部硬化 (3) 第一层焊道裂纹 (4) 沸腾钢硫偏析 (5) 同熔透深度相比，焊道宽度小	(1) 根据母材适当组合，母材硫含量高时应预热 (2) 加大电流降低焊接速度、给母材预热 (3) 扩大第一层焊道 (4) 选择软钢焊接材料 (5) 减少电流，增加电压
气孔和焊坑	(1) 坡口附着锈、氧化皮、有机物 (2) 焊剂潮湿 (3) 焊剂不干净 (4) 焊接速度过大 (5) 焊机过厚 (6) 焊丝不干净（有锈、油）	(1) 清洁坡口表面 (2) 在 300℃以下干燥 1h (3) 收集焊剂时勿使杂物混入 (4) 降低焊接速度 (5) 恰到不喷的程度 (6) 注意保管
夹渣	(1) 母材向焊接方向倾斜 (2) 多层焊接焊丝距坡口面太近 (3) 接头始端夹渣 (4) 因多层堆焊，除渣不彻底 (5) 电流焊速过小，焊渣走在前头	(1) 使用接口方向相反，或将母材放平 (2) 使坡口面和焊丝头部距离至少大于焊丝直径 (3) 使引弧板厚度和坡口形状与母材一致 (4) 加大电流使熔渣充分熔化 (5) 提高电流和熔速

表 4-4 CO_2 保护电弧焊的主要缺陷及防止措施

缺陷	原因	措施
焊坑气孔	(1) CO_2 供不上 (2) 因风太大，保护效果不充分 (3) 管口上附着大量飞溅，气流不畅通 (4) 使用纯度差的气体 (5) 焊接部位太脏（锈、油、涂料） (6) 电弧过长 (7) 焊丝生锈	(1) 检查阀门是否打开，储气瓶是否有气 (2) 遮风 (3) 除去管口上的飞溅 (4) 使用焊接用气体 (5) 把焊接部位打扫干净 (6) 降低电弧电压 (7) 使用正常焊丝
焊瘤	(1) 电弧过长 (2) 焊接速度快 (3) 焊接位置不好（水平焊接）	(1) 缩短电弧长度 (2) 降低焊接速度 (3) 改变焊接位置
裂纹	(1) 焊接规范不合适 　①电流高、电压低 　②焊接速度快 (2) 坡口角度过小 (3) 母材的碳和其他合金元素含量高（热影响区的裂纹） (4) 使用纯度差的气体（水分多） (5) 在火口处急速切断电弧	(1) 选择正确规范 　①提高电压 　②降低焊接速度 (2) 增加坡口角度 (3) 预热 (4) 使用焊接用气体 (5) 进行火口处理（堆焊熔敷金属）

续表

缺陷	原因	措施
焊道不直	(1) 焊丝矫下不充分 (2) 焊丝突出部过长 (3) 焊嘴头磨损严重 (4) 操作焊枪不熟练	(1) 调整矫直辊 (2) 调整到合适的长度（25mm 以下） (3) 更换接触烧嘴 (4) 加强训练
飞溅多	焊接规范不适当（特别是电压过高）	采取合适的规范
电弧不稳	(1) 焊嘴头孔过大 (2) 不能连续供给焊丝 (3) 焊丝盘旋转不灵活 (4) 焊丝生锈	(1) 换成孔径合适的焊嘴头 　① 清扫导管和焊丝导向管 　② 使软管尽量减少弯曲 (2) 紧固适当 (3) 调整使焊丝盘灵活旋转 (4) 使用不锈钢的焊丝
焊丝焊嘴粘在一起	(1) 烧嘴同母材相距太短 (2) 急速停止送焊丝	(1) 使长度合适 (2) 平稳供给焊丝

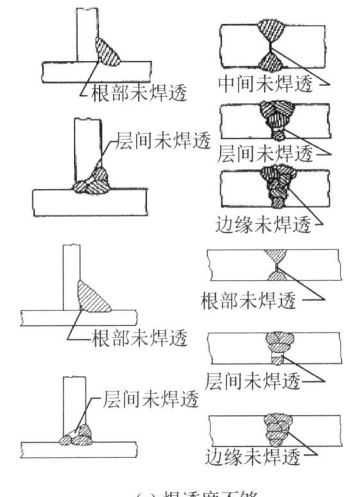

(a) 焊透度不够

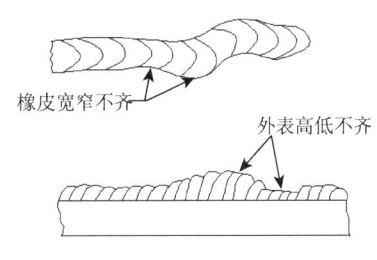

(b) 焊缝宽窄高低不齐

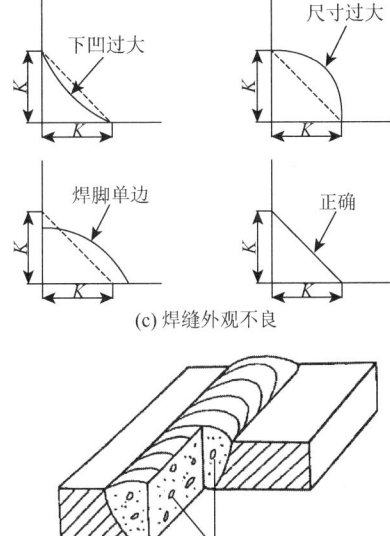

(c) 焊缝外观不良

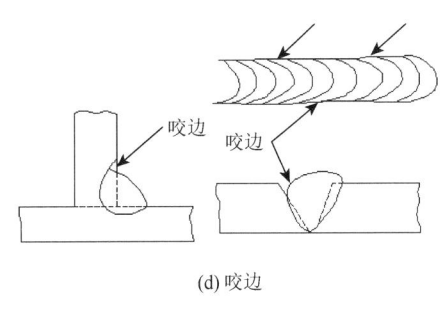

(d) 咬边

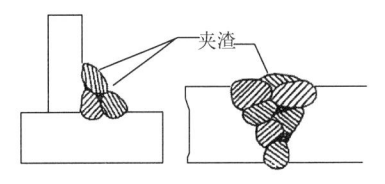

(e) 表面气孔　　　　　　　　　　(f) 表面夹渣

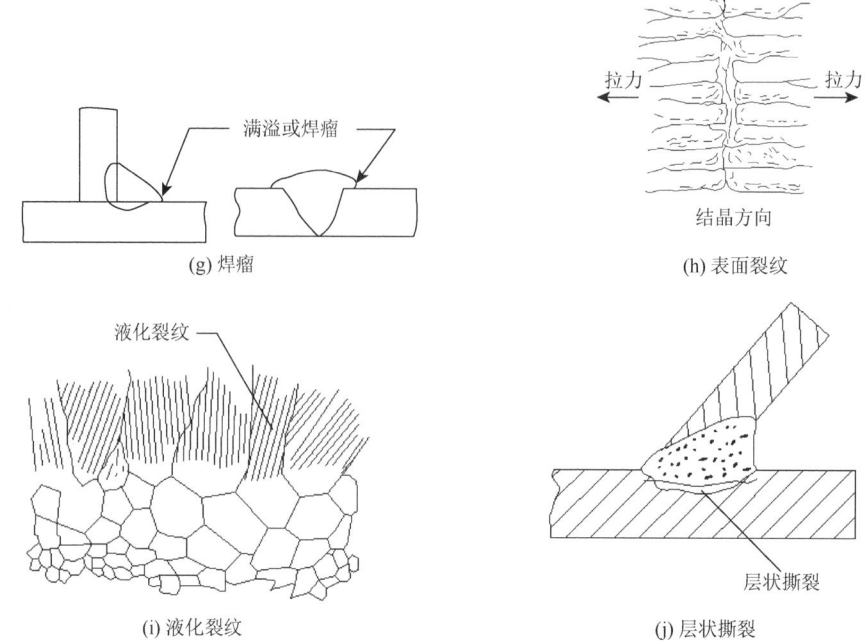

图 4-8 各种焊接缺陷

4. 焊缝缺陷修补

（1）若检查结果表明焊缝缺陷超过有关标准允许值，应在船体完工试验前对缺陷进行修补。缺陷修补工艺应符合有关技术标准的规定。焊缝经修补后应对其进行焊缝质量检查和相应的无损检测。焊缝质量应符合验收标准的要求。

（2）外观检查发现的缺陷，通常应在无损检测前修补完毕。表面微小的缺陷可用砂轮磨去。

（3）所有需要焊补的缺陷，应在焊补前彻底清除干净，必要时可用无损检测的方法进行检查，以证实缺陷确已清除。不合格的焊缝一般只允许进行一次批清重焊。若再次不合格，则要查明原因后才能进行第二次批清重焊。焊缝缺陷修补方法见表4-5。

表 4-5 焊缝缺陷修补方法

序号	缺陷名称	修补方法
1	焊缝外形尺寸和形状不符合要求	以风铲或碳弧气刨进行修正，并用砂轮打磨光，焊缝过窄过低时，应用手工电弧焊修补
2	咬边	咬边应采用焊接方法修补，不允许以磨光母材作为修正
3	焊瘤	用凿子或碳弧气刨铲除焊瘤，并用砂轮打磨光
4	焊坑	未填满的弧坑，经过对缺陷进行清理后，再以手工电弧焊焊补
5	气孔	（1）检查确认为内部气孔的部位，应用风铲或碳弧气刨清除全部气孔缺陷，并使之形成相应坡口，然后再按规定进行焊补 （2）表面气孔，经过缺陷进行清理后，以手工电弧焊焊补
6	夹渣	修正方法和气孔缺陷相同
7	焊透度不够	经检查确认为未焊透的部位应用风铲或碳弧气刨清除全部未焊透缺陷，并使之形成相应坡口，然后按规定进行焊补

续表

序号	缺陷名称	修补方法
8	裂纹	（1）根据检查结果，仔细查清裂纹的始末端和裂纹的大致深度 （2）用风铲消除裂纹缺陷时，应先在裂纹两端钻止裂孔，防止裂纹扩延。钻孔时采用$\phi 8\sim12mm$钻头，深度应大于裂纹深度$2\sim3mm$ （3）用碳弧气刨消除裂纹时，应先从裂纹两端进行刨削，直至裂纹消除，然后再进行整段裂纹的刨除 无论采用风铲还是碳弧气刨消除裂纹缺陷，都应形成相应坡口，然后再按规定进行修正

下列部位主要构件的焊缝应重点检查。

（1）船中 0.4L 区域内的强力甲板、舷顶列板、船底板等纵横交叉点（十字接头、T型接头）和船体分段大合拢的环形焊缝，以及平板龙骨对接缝和圆弧形舷顶列板的对接缝。

（2）强力甲板舱口角隅板和船体开口周围。

（3）船中 0.4L 区域内的纵向骨架和纵舱壁扶强材的对接接头。

（4）起重桅（柱）的对接环缝，包括焊缝上的每个交叉点；主机机座与船底板及船底骨架连接处。

第三节　木质船体结构及连接

我国木质渔船的历史悠久，经过长期实践，形成了一批优秀船型。木质渔船在我国海洋和内河渔船中占较大的比例，在小型渔船中其数量较多。

一、木质渔船结构型式

木质渔船结构型式一般为横骨架式。肋骨间距：机动船一般不大于 800mm；非机动船一般不大于 1000mm。但是随着船型的不同也有些差异。其舯剖面结构图，有纵向构件型结构（座机型）和无纵向构件型结构（无动力或挂机型）之分，前者用于尺度较大的木质渔船，后者则用于尺度不大、型深与吃水较小的渔船。图 4-9 为某木质渔船的舯剖面结构图。

在纵向构件型结构中，设有船底纵通材（中龙骨、旁内龙骨，或称龙筋、底压筋）、舭部纵通材、舷侧纵通材（腰压筋）、舱口纵梁以及受梁材（承梁材、口压筋）、护舷材（口枘）等，横向构件则有肋骨与横梁。内龙骨是在龙骨上方的底部纵向构件，它与龙骨一起形成了强有力的纵向组合构件，同时压在底部肋骨上面，对底部肋骨定位以及支撑底部肋骨起着重要作用。一般情况下，骨材的高宽比应控制在 1.2～1.5。

二、木质渔船主要结构

1. 外板与甲板结构

木质渔船的外板与甲板布置形式类似于钢质渔船。用材宽度应不小于100mm且不大于300mm，长度一般不小于4m。外板及甲板的厚度 t 应不小于按下式计算之值，且不小于30mm：

$$t=L+20（mm）$$

龙骨翼板也是船体纵向构件，其作用除增强总纵强度外，还在较大构件龙骨与厚度较小的底部外板之间起过渡作用，因此龙骨翼板厚度较底部外板厚，在大尺度的木质渔船上，除龙骨翼板外，还设有龙骨副翼板，以确保有良好的过渡。舭龙骨对木质渔船而言，除有削减横摇的作用外，还有增强舭部强度的作用。舷侧厚材、护舷材应全船贯通，其接头在艏、艉部区域只能有 1 个，舯部的接头间距不小于 12 个肋距。舷墙板的作用在于防止上浪以及保护甲板上人员安全，舷墙板为非水密结构。

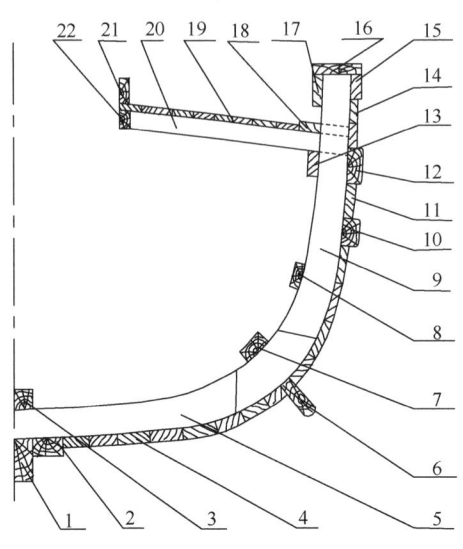

图 4-9　某木质渔船舯剖面结构图

1. 龙骨；2. 龙骨翼板；3. 内龙骨；4. 外板；5. 底肋骨；6. 舭龙骨；7. 舭部纵通材；8. 舷侧纵通材；9. 边肋骨；10. 护舷木Ⅱ；11. 舷侧厚板；12. 护舷木Ⅰ；13. 承梁材；14. 舷墙板；15. 舷墙外纵通材；16. 舷墙盖板；17. 舷墙内纵通材；18. 甲板边板；19. 甲板；20. 短横梁；21. 舱口围板；22. 短纵梁

2. 船底结构

船长大于 10m 的一般应设中龙骨或旁内龙骨（或称龙筋、底压筋），其间距应小于等于 1.5m，断面面积 A 由 L 按公式计算。龙骨、旁内龙骨长度小于等于 10m 时应为 1 根整材，其长度大于 10m 小于等于 18m 时可由两段组合，其长度大于 18m 时可由三段组合。但在船中、船首或船尾各部只允许有 1 个接头，且应避开主机机座及甲板开口的正下方。船长大于 24m 时应设内龙骨，其宽度应与龙骨相同，高度应大于等于龙骨高度的 1/2，且接头应与龙骨的接头避开 3 个肋距以上。

船底肋骨、机座枕木的尺寸和要求应符合规定。

3. 舱壁结构

机动船的机舱前后和艏部应设水密舱壁，非机动船艏部、艉部应设水密舱壁。船长小于 12m 的船防撞舱壁距艏垂线应在（0.1L~2）m 范围内。根据装载与布置的要求，渔船内部还需用舱壁分隔若干舱室。

水密舱壁的厚度应大于等于船底板的厚度，当舱壁高度大于 1m 时应设置扶强材，其间距应不大于 1.5m，断面面积应不小于横梁的断面面积。扶强材上下端应与纵向结构有效连接。

4. 艏、艉结构

艏部要经受波浪的冲击，艉部有推进轴通过并拖动螺旋桨要经受动力作用，因此与钢质渔船一样，木质渔船的艏、艉部分的结构需要加强。艏柱是船体最前面的结构物并与龙骨连接，一般来说，木质渔船艏柱通常用一根木料做成。为增强艏柱的抗弯强度，设置艏部弯曲材（艉肘材）。推进器柱与舵柱构成艉框架或称艉柱。舵柱的作用是承受舵的重量以及成为舵转动时的依托，其上端一般通过甲板表面，下端与推进器柱连接。推进器柱下端一般用榫插入龙骨中，上端与横梁相连接，中间有一艉管孔，以便艉轴管穿出。

三、木质船体建造材料

1. 木材性能

木材属于自然生长的材质。木材生长不正常、病虫害侵袭、采伐及加工时的机械损伤，使木材有各种缺陷，如节子、裂纹、虫眼、缺角、斜纹等，降低了木材的利用价值和性能。

木材性能和其结构有密切关系：从木材截切面看由三部分组成，即外层的树皮——质地较软、易剥落；中心部分的髓——质地疏松；两者之间的木质部——质地坚硬。在截切面上可见一圈圈的年轮，在纵向（长度方向）有木纹，木材干燥时干缩变形是不均匀的，沿年轮切线方向的收缩变形为其径向收缩变形的 2 倍，沿木纹方向收缩变形很小。

木材的物理性能取决于其含水量，常用含水率表示（即含水重量占全干木材重量的百分比）。含水率有一个平衡值（随环境湿度和温度的变化而变化），我国北方约为 12%，南方约为 18%。如果木材含水率小于平衡含水率，则从空气中吸收水分，称为木材的吸湿性；反之，会向空气中蒸发，称为自然干燥性。这两种性能使木材发生湿涨和干缩，大大影响了木结构的质量。通常，含水率大于 25% 的称为潮湿木材，含水率 18% 以下的称为干燥木材，含水率 18%～25% 的称为半干木材。

木材处于干燥状态时（含水率低于 20%）不易受细菌侵袭而腐烂。

木材的密度（含水率为 15% 时单位体积的质量）对干缩时的尺度变化也有影响，密度大的尺度变化随含水率的变化而加剧。

由于木材是各向异性材料，其力学性能也各向不同。含水量相同时，密度大的强度大；在纤维饱点以下，含水量降低，木材强度增大；在 20～100℃ 环境里，木材受热，温度增高，强度降低，在 0℃ 以下，木材强度均有所增大。

因为木材有如下的优点：质轻，具有天然浮力，这对水上建筑物是有利的；原材料可直接取之自然界；具有较好的强度，且能吸收冲击与振动；木材是非热量导体，有助于渔获保鲜，又能构造适宜的居住舱室；木材易于加工，便于成形，建造木质渔船无需复杂设备。因此获得广泛应用。

但是木材也有缺点，如易燃；含水率变化时，膨胀收缩就有显著变化，甚至会引起弯曲、扭转或裂开；易于腐朽；强度有方向性等。因此，在应用时也受到限制。

2. 船用木材

（1）船用木材可分为硬材、软材两大类。硬材包括楠木、榉木、槐木、榆木、柞木、柚木、梢木、桉木、水曲柳、黄菠萝等；软材包括红松、落叶松、美国松、马尾松、樟子松、杉木等。

（2）船体重要骨架应采用硬质木材，如舱壁座、艏柱、艉柱、舵柱、艉纵中材、艉纵翼材、肘材、舱壁扶强材、舱壁座、肋骨、肘材等，龙骨、舷侧厚材、基座木尽量使用硬材和优质松木。内河渔船若用软木，其断面面积应适当增大，应征得验船部门同意。

（3）板材或方材在安装时，均应正面向外，反面（即髓心的一面）向内。

（4）木材缺陷的限用范围如下。

①节子：在龙骨翼板、外板上不应有成孔的节子和死硬节子。若节子直径在 30mm 以下，则可以用在其他部位。

②青皮：板材捻缝口和两材的贴合面不应有青皮。其余部位可以带青皮，但厚度不得超过材厚的 1/5、宽度不得超过材宽的 1/4。

③缺角：板材捻缝口部位和两材贴合面不应有缺角。其余部位局部缺角长度应不超过材长的 1/5、剖面积应不超过板材剖面积的 7%。

④裂纹：不应使用有横向裂纹的木材，在缝口和榫口附近不应有纵向裂纹，其余部位纵向裂纹深度不得超过材厚的 1/5、裂纹长度不得超过材长的 1/10。

⑤虫眼：水线以下外板不应使用有虫眼的木材。

⑥腐朽：不应使用腐朽（包括水层、脱心）的木材。

⑦天然斜纹：不应使用斜纹与木材纵向夹角大于 20°的木材。

（5）除用于弯曲形构件的天然曲材外，船体材料应经过充分干燥且不应有腐烂、枯节、空心、裂纹、密集虫眼和其他影响木材强度的缺陷。

四、木质船体连接

木质船体结构的连接方式有钩形嵌接法、嵌接法、对接法和榫接法。

纵向构件一般采用钩形嵌接结构，如图 4-10 所示，还可在搭口上加铁板以加强搭口处的强度，对龙骨应注意接口的首尾方向。

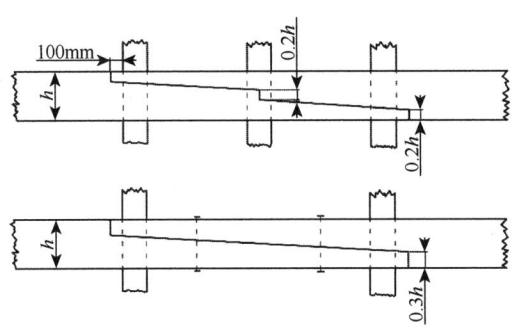

图 4-10　钩形嵌接结构

肋骨之间的连接用帮肋骨连接，如图 4-11 所示。

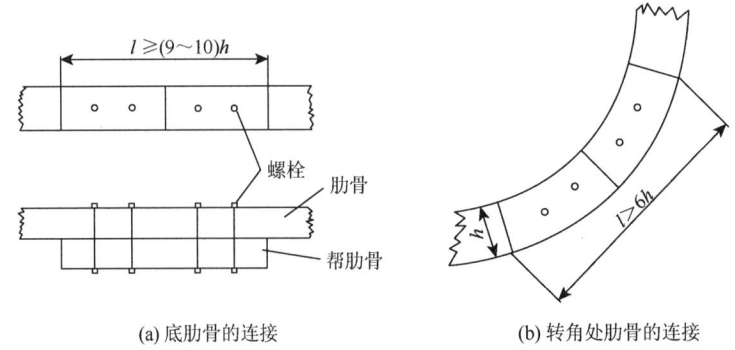

(a) 底肋骨的连接　　　　　　(b) 转角处肋骨的连接

图 4-11　肋骨之间连接

甲板横梁与舷侧肋骨之间应用肘材（元宝梁）连接，船底肋骨与舷侧肋骨之间用帮肋骨连接，也可用肘材（元宝梁）连接，如图4-12所示。

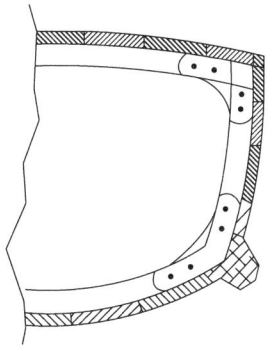

图4-12　甲板横梁、船底肋骨与舷侧肋骨的连接

艏柱和龙骨的连接用嵌接结构在搭口上加艏肘材，如图4-13所示；艉柱与龙骨嵌接（也有用榫接），还连接有锻铁舵承，其上有艉管材和艉肘材等，如图4-14所示。

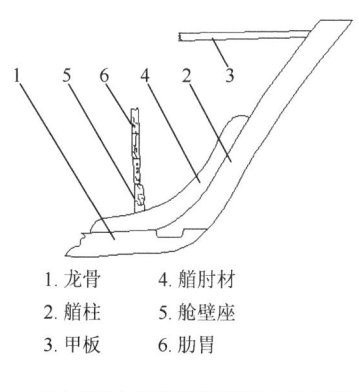 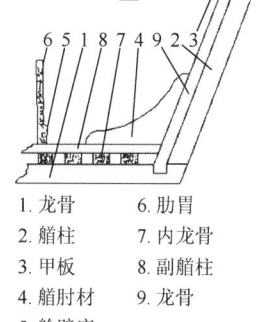

1. 龙骨　　4. 艏肘材
2. 艏柱　　5. 舱壁座
3. 甲板　　6. 肋胃

1. 龙骨　　6. 肋胃
2. 艏柱　　7. 内龙骨
3. 甲板　　8. 副艏柱
4. 艏肘材　9. 龙骨
5. 舱壁座

(a) 无内部纵向构件型船艏部典型结构图　　(b) 有内部纵向构件型船艏部典型结构图

图4-13　艏柱与龙骨的连接

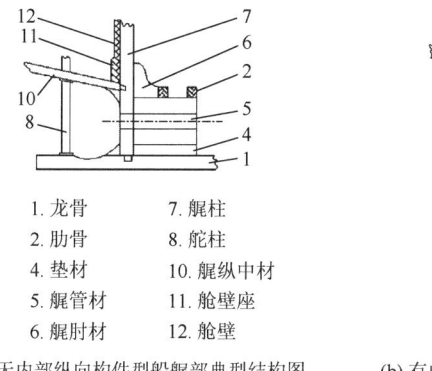 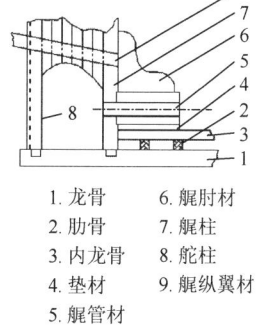

1. 龙骨　　7. 艉柱
2. 肋骨　　8. 舵柱
4. 垫材　　10. 艉纵中材
5. 艉管材　11. 舱壁座
6. 艉肘材　12. 舱壁

1. 龙骨　　6. 艉肘材
2. 肋骨　　7. 艉柱
3. 内龙骨　8. 舵柱
4. 垫材　　9. 艉纵翼材
5. 艉管材

(a) 无内部纵向构件型船艉部典型结构图　　(b) 有内部纵向构件型船艉部典型结构图

图4-14　艉柱与龙骨的连接

甲板及外板连接用对接法，其接头端口必须位于骨材之上，如图 4-15 所示。

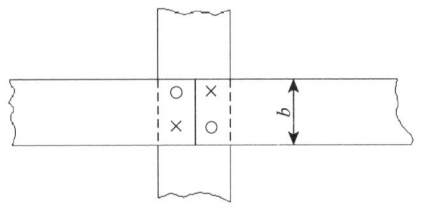

图 4-15　对接法（用于甲板和宽度不大于 200mm 的外板的连接）

甲板及外板与横梁及肋骨连接，若板长不够需对接，则同一根肋骨上的接头至少应隔开 2 列板材，相邻两列板的接头纵向间隔应大于等于 3 个肋距；若肋骨或横梁的宽度不到 75mm，可用嵌接结构，如图 4-16 所示。

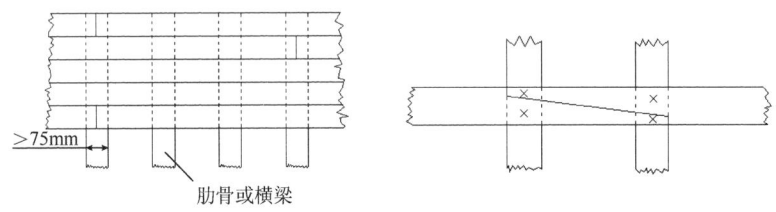

图 4-16　甲板及外板与横梁及肋骨的连接

板与骨架的连接用锹钉或螺栓，锹钉或螺栓的孔径应小于其直径 1.0mm。为避免钉裂木板和梁材，钉孔应错开，离板边距离大于或等于木板厚，离肋骨边缘不小于 30%肋骨宽，钉子钉入肋骨或梁材之深度为 1.5 倍的板厚。锹钉、螺栓使用时应加垫片（圈），打入前在头部缠 2 或 3 圈涂油灰的麻丝（或竹丝），螺栓的螺帽应在船体的内侧。锹钉和螺栓两端及各种铁钜的上表面均应埋入构件表面内 3～10mm，并用油灰抹平。

五、捻缝

为了保证木质渔船水密，在外板与甲板处需进行捻缝，若设置水密木质舱壁，亦需捻缝。捻缝就是把麻丝等填料拌以油灰填塞在板材之间的缝隙中（一般要分几次打入缝隙中），使之水密。

（1）捻缝应在钉或螺栓紧固后施行。相邻两板的拼缝（即内侧缝口）应尽量紧密，缝隙应不大于 1mm，从板厚的 40%处向外，构件的侧边可刨成坡口，使板缝的上口（即外侧缝口）呈 V 形。外侧缝口宽度，当板厚小于 60mm 时应不大于 3mm，当板厚大于 60mm 时应不大于 5mm。外板、甲板的个别板缝的缝口尺寸达不到上述要求时，允许用多"参钉"的办法处理。

（2）捻缝层包括底灰、填料、面灰三部分。底灰要求缝底少且均匀，不要过多。中层的填料必须打烂、打实、油灰不要过多，经打实后凹入板面 2～5mm。填料外部外口 30%～35%深度经充分干燥后再用面灰把捻缝抹平。面灰应与板面平。

（3）同一灰路两头接合处相搭应不小于 100mm，并应反复捻实。

（4）双面捻缝时，必须先内后外，内缝口的捻缝深度为板厚的 10%～20%，外缝口的捻缝深度为板厚的 50%～60%；单面捻缝时，捻缝深度为板厚的 60%～70%。

（5）船体捻缝完工 15 天后油灰仍不凝固，应查明原因并进行处理。船舶下水前后应进行密性试验，不应漏水和渗水。

（6）捻缝所用填料，各地因原料情况不同有些差异，大多为麻丝、毛竹丝、网纱等纤维及合油灰。填料应去污、脱胶、梳理及干燥处理，不得有杂物。合油灰的灰应选用优质贝壳灰或石灰，油应使用桐油，不能掺杂，不应用机油等调节油灰的硬度。若用其他材料，应经船检部门同意。这些拌以油灰的填料一般要分几次打入缝隙中。

第四节 玻璃钢船体结构及连接

自 1946 年在美国首次用玻璃纤维增强塑料（玻璃钢）建造船体以来，20 世纪 60 年代初，南非用玻璃纤维增强塑料建造了船长为 19.3m 的尾拖渔船和船长为 22.6m 的舷拖渔船，从而开始了玻璃纤维增强塑料用作渔船建造材料的历史。60 年代中期，日本大规模建造中小型玻璃纤维增强塑料渔船（简称 GFRP 船舶），至 80 年代中期，玻璃纤维增强塑料渔船已占渔船总数的 60% 以上，且船长超过 35m。中国自 1958 年开始研制，1972 年开始用钢材或木材包敷玻璃纤维增强塑料的渔船，80 年代起建造船长约 20m 的全玻璃纤维增强塑料结构渔船。

GFRP 船舶发展迅速的原因主要是其强度高，即"抗拉强度/密度"远比一般钢材高，玻璃纤维增强塑料船与同长度钢船相比，要轻 20%~25%，从而大大降低了油耗。另外，玻璃纤维增强塑料耐化学腐蚀性，船体不腐不锈，使用寿命长。由于施工设备简单，小型船厂也可成批建造，易于推广，易于维修，且维修费用低。这些优点说明玻璃纤维增强塑料有着巨大的发展潜力，是一种不可忽视的渔船建造材料。其缺点则是材料易老化，抗拉抗弯强度下降；施工中易于污染环境；初始投资较钢质船高。该材料的缺陷主要是由船体碰撞、建造时施工不良处的质变和船体长期超负荷承载而造成的，或者由于材料老化、磨损，外表胶衣层出现缺口和表面裂缝。

一、玻璃钢船体结构

玻璃钢船体结构形式雷同于钢质渔船，多为横骨架式，对于高速船（仅适用于限制航区的单体高速船）的结构，一般应采用纵骨架式。在目前的 GFRP 船舶中，船体内部的构件，尚有木质和钢质构件。

GFRP 船舶结构中的骨材，从截面形式来看，分为闭截面与开截面，闭截面有半圆形、圆顶形、梯形、矩形等，开截面有槽型、工字型以及 T 字型。GFRP 船舶的板材通常分为单板结构和夹芯板结构。单板结构一样用于尺寸不大的 GFRP 船舶的船底板以及舷侧外板。夹芯板即中间为芯材，两边为玻璃纤维增强塑料铺层，这种板材的厚度大为增加，强度有所增加。夹芯板板材的两面分别称作外表面和内表面。一般来说，外表面的厚度大于内表面的厚度。

二、玻璃钢船体建造材料

建造 GFRP 船舶船体的原材料（如玻璃纤维、不饱和聚酯树脂、芯材）应符合规范的有关规定。建造厂应持有材料生产厂提供的每批供货材料标明树脂（胶衣树脂、铺敷用树脂）、玻璃纤维增强材料、芯材（泡沫或轻木）等规定的合格证书和船用产品证书，以备验船师追溯或必要时抽检。

1. 树脂

铺敷用树脂应为认可的船用不饱和聚酯树脂（浇注体性能：巴氏硬度大于等于 35；热变形温度大于等于 55℃；拉伸断裂伸长率大于等于 2.0%）；胶衣树脂应为船用耐水型不饱和聚酯树脂；如有耐火要求应选用阻燃型不饱和聚酯树脂；胶衣树脂与玻璃纤维增强材料间的黏着性能应良好。

2. 玻璃纤维增强材料

船用玻璃纤维增强材料应为认可的无碱玻璃纤维及其织物或制品，如无捻粗纱、无捻粗纱布、短切原丝毡等或它们的组合。

中碱玻璃纤维经增强型浸润剂处理后，若其玻璃纤维增强塑料性能达到认可的无碱玻璃纤维增强塑料的性能标准，可用于 $L<12m$ 船舶的甲板和上层建筑。

玻璃纤维增强材料与不饱和聚酯树脂间应有良好黏结性和浸润性。

玻璃纤维增强材料应无杂质、污染、霉变、瑕疵等缺陷，且应严格按材料生产厂的建议储存在干燥、通风、无尘、温度变化不大的场所。

3. 添加剂（引发剂/促进剂、颜料、填料、阻燃剂、触变剂等）

用量应有限制，种类应为生产厂推荐的，且应不明显改变不饱和聚酯树脂的各项性能，也不应影响积层板的所有强度性能。每批取样按标准进行测试并提供相应数据。

4. 芯材

一般采用硬质泡沫塑料、轻木、胶合板或松木等。应经认可并满足要求。与其配套使用的芯材黏结剂应为生产厂建议的类型并按其施工说明应用。轻木芯材应清洁、灭菌并经干燥处理，含水率不大于 12%，不允许任何明显有损强度的缺陷存在。用作夹层板芯材的泡沫塑料，其密度不小于 $80kg/m^3$，力学性能应符合规范要求。

5. 预埋材料

预埋材料或组件应耐腐蚀，且不影响树脂系统的固化。使用前应进行表面处理，使其与树脂具有良好的黏结性。

6. 材料缺陷

玻璃钢材料易老化，抗拉抗弯强度下降；施工中易于污染环境；初始投资较钢质船高。该材料的缺陷主要是由于船体碰撞、建造时施工不良处的质变和船体长期超负荷承载而造成的，或者由于材料老化、磨损，使外表胶衣层出现缺口和表面裂缝。这些缺陷概括如下。

（1）白化：船壳板外面碰到流水或与异物接触产生白化。再进一步发展则成为小剥离。

（2）点蚀：船壳板外表面发生白化或小龟裂而成斑状点，是该处附近积层有缺陷造成的。点蚀严重会引起剥离。

（3）裂纹：受强大外力或交变负荷作用，使玻璃钢外面或内部发生裂痕。严重时玻璃钢板厚度方向被穿破。船壳板龟裂有纵向和横向之分，纵向系沿船底旁桁材发生；横向沿舱壁板较多。

（4）剥离：积层板产生脱层，也有数层一起剥离者，一般发生在二次胶接处，在连续积层时也有发生。剥离常引起破洞，而导致船内渗水。

（5）洞穿：受异物猛烈撞击或被尖锐物体碰撞产生的破口，或虽未成洞，但已有损伤裂缝。

（6）拆损：受强大外力作用发生应力集中，从集中处引起龟裂，最终拆损，拆损伴随剥离，导致构件脱落。多发生在舭龙骨部位。

（7）肋板、防挠材的破损：主要原因是结构不连续，肋骨弯曲部或根部未做成圆弧形状或未切角，或肋材贴合面不良，或 L 型接头角隅无法承受弯曲力时产生。

（8）双层底结构损坏：主要发生在双层底内部的纵通材或肋板处。原因为前后结构不连续或不平衡，双层底内部施工困难、马虎施工等。

（9）油、水柜渗漏：主要原因是施工马虎或结合方式不良。

三、成型工艺

（1）生产条件：建造厂应有合适的库房以储存相应的原材料；铺敷成型车间应防风、防雨、干燥、清洁，能充分通风和有良好照明，避免光线或人造光源影响树脂的正常固化；除使用低温不饱和聚酯树脂外，成型时环境温度应为15~32℃，大气湿度应不大于85%，并保持稳定，防止结露或冷凝。喷射成型区域的湿度一般应不小于 40%。使用低温不饱和聚酯树脂应不低于树脂生产厂推荐的最低温度；车间应设有湿度和温度的检测装置。

（2）模具要求：成型模具应有足够的刚度和强度，型线和形状光顺；结构材料不应受树脂及辅助材料侵蚀、不影响树脂的固化；施用脱模剂应不影响树脂的固化，使用前所有模具应置于与铺敷成型车间相同的温度环境下。

（3）管理人员应具有质量的判断能力和对成型过程严格监测的责任，作业人员应经专门培训。

（4）不饱和聚酯树脂液配制：树脂应有适当的黏度、合适的凝胶时间和预期要求的固化度。成型施工前应进行树脂液的凝胶试验，以确定树脂的最佳配料比。

（5）开工准备：模具表面和周边清洁、干燥，已涂敷足够的脱模剂，其温度与铺敷车间一致。树脂和胶衣、添加剂应按要求配比和施加，并充分搅拌、静置去除气泡。所有材料应处于铺敷车间的温度。

（6）涂敷胶衣、罩面层铺敷、单层板铺敷成型、夹层板铺敷成型均应符合要求。

（7）脱模与固化：在与壳体相当的环境下，壳体在模具中搁置时间应不少于48h，模制件脱模时，其巴氏硬度应不小于40。

（8）二次胶接（通常只在整体不能实现或内部构件胶接至船体或修理时采用）。

（9）缺陷修整：经外观检查，船舶应无表面缺陷及瑕疵；允许对较小的表面缺陷进行修整；对可能影响强度的缺陷修补应提供书面文件，证明可达到规定的强度，经船检部门审批，方可实施。

四、玻璃钢船体结构连接

1. 一般规定

（1）除甲板和艉封板可以分开糊制外，船体壳板应整体糊制，不允许对接。

（2）船体构件的连接可采用现场糊制、胶接或机械连接等方法。

（3）当骨材交叉时，应在大骨材上开口，使小骨材连续通过。当骨材尺寸相近时，一般应使纵向骨材保持连续。骨材相交处应选用毡片或毡、布交替铺层连接。

（4）如设计要求扶强构件与积层板敷成整体时，应在积层板成型后尽快敷制扶强构件。该工艺应使用慢凝树脂。

2. 胶接

（1）胶黏剂一般应采用与成型船体相同的树脂。对于艉轴管等特殊部位，则应选用环氧类胶黏剂。若采用高强胶接剂胶接，所用的胶黏剂的化学性能应与被黏物的化学性能互相适应，且热膨胀系数相近。

（2）胶接表面应平整，但不宜光滑，胶接前应预先用砂纸（或打磨器）打磨，对附着在表面的灰尘、水分等影响胶接质量的物质必须清除干净。

舱壁及重要构件应在两侧采用连接毡片或等效方法与相邻结构连接，每侧各层连接毡片的单位面积重量之和应不低于受连接的构件中较轻者的 1/2，也不应低于 $900g/m^2$ 毡或等效重量，每层毡片应比前一层两边都宽 25mm。这里所指的一层是指总厚度不大于 2mm 的积层，它可以由若干条同样宽度的增强材料叠铺而成。

（3）不同部位的结构连接有不同的胶接工艺要求。对接接头应采用多层铺敷工艺胶接，分为双面接头和单面接头。接头在采用与层板相同的原材料连接时，连接用增强纤维的总层数应不少于被连接层板增强纤维的总层数。对层板边缘不倒角的对接接头铺层总厚度应不小于原层板的总厚度。

驾驶室等上层建筑板材之间的连接，当板厚大于 4mm 时亦可采用斜搭接。搭接斜面的斜率应不大于 1/8。

角接一般应两侧连接，每侧应采用先窄后宽的方法逐层铺敷角形层板。角接接头的每边宽度应大于所连接两层板中较厚者厚度的 14 倍，并且角材宽度 1/2 处的厚度应大于被连接构件中较薄者厚度的 1/2。

积层板一般应避免采用二次胶接。若必须采用二次胶接，应先打磨并清洗表面，增加连接表面的宽度，然后用高强胶接剂仔细胶接，以增加胶接的可靠性。其胶面的最后一层增强材料应当采用玻璃纤维短切毡。对于承受交变等动载荷的接点，除用胶黏剂进行两次胶接外，应在外面糊玻璃钢增强角材。

胶层应尽可能承受剪切力，当端部出现较大剥离应力时，应考虑与螺栓等机械连接并用。

（4）机械连接。用于积层板之间或金属构件与积层板之间，连接材料有螺栓、螺钉和铆钉等。

螺栓或螺钉的直径、螺栓孔的中心距、螺栓孔中心距积层板边缘的距离、螺栓孔与直径之差、垫圈和垫片等均应符合下述要求。承受较小负荷部位的连接可使用自攻螺钉，但不得用以连接厚度小于 5mm 的积层板。

①螺栓孔边缘应用树脂封闭。

②螺栓及垫片应采用不锈钢件或镀锌件加防腐保护。

③螺栓组应受力均匀，并采取防止松动及渗漏措施。

④甲板与船壳板的连接螺栓的直径 d 应不小于按下式计算之值，且不小于 6mm：

$$d=0.4（L-15）+6（mm）$$

⑤螺孔边缘距板缘应不小于 2 倍孔径。

⑥螺栓间距应不大于肋距。

⑦当船壳上有承梁材支撑甲板结构时，连接螺栓部位的构件间隙应填实。

⑧垫圈直径应不小于 2.5 倍螺栓直径。

芯材自身的连接，对无效芯材可采用对接的方式，对参与强度计算的有效芯材以及用木材为芯材的桁材、纵向骨材，其芯材的接头应采用嵌接。木质芯材的连接接头应为斜嵌接，并可带有沟槽、销键或同时兼有。嵌接接头的尺寸、连接螺栓的直径、数量、垫圈、材质等均应符合要求。

甲板与船体外板的连接，其连接螺栓直径和间距按上述要求，当采用角材胶接时，角材折边的厚度与宽度应符合要求，并应采用经认可的材料制成的护条、嵌线、护舷材等加以保护。

思 考 题

1. 渔业船舶航行时作用在船体上的力有哪些？
2. 船体强度包括哪几种？
3. 就整个船体结构型式来说，船体骨架型式可分为几类？
4. 渔业船舶船体的主要结构有哪些？
5. 内河钢质渔船主要船体结构用钢为哪种型号？
6. 钢质渔船船体结构主要连接方法是什么？
7. 常用的船舶建造焊接方法有哪几种？
8. 常见的焊缝缺陷有哪些？
9. 木质渔船结构型式通常为哪种？
10. 木质渔船船体结构连接方式有哪几种？
11. 什么是捻缝？
12. 玻璃钢材料的特点是什么？
13. 玻璃钢渔船的船体结构连接特点是什么？

第五章 渔业船舶的性能

渔业船舶与其他船舶一样，都属于航行于水上的工程建筑物，因此必须具备能在水上航行的航行性能与使用性能。渔业船舶的航行性能包括浮性、稳性、抗沉性、快速性、耐波性及操纵性；使用性能包括载重量、吨位、航速、续航力、适居性及坚固性。

第一节 浮 性

一、基本概念

船舶浮性是船舶在一定装载情况下，能漂浮于水面（或浸没水中）保持平衡的能力，是船舶最基本的性能之一。

当船舶静浮于水面时，作用于船体上的力有船舶本身的重力和静水压力所形成的浮力。

重力由船舶本身各部分的重量组成，如空船重量、燃料、淡水、货物或渔获、人员及行李等。这些重量形成一个垂直向下的合力，此合力就是船舶的重力 W，重力的作用点 G 称为船舶的重心。

船体浸水表面受到水压力的作用，水压力垂直作用于船体浸水表面，其大小与浸水深度成正比。由于船体水下部分左右对称，故静水压力的水平分立互相抵消，垂直分立则形成一个垂直向上的合力，此合力就是支持船舶漂浮于一定位置的浮力。浮力的作用点 B 就是排水体积的形心，称为船舶的浮心，如图5-1所示。

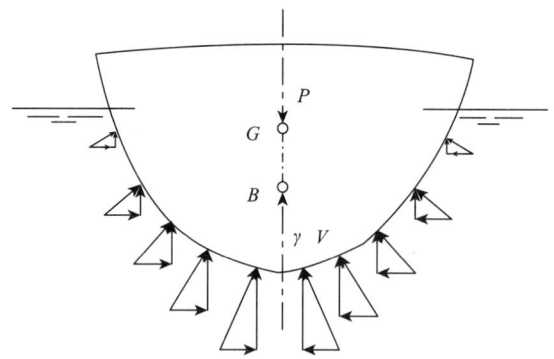

图5-1 静水压力对船体表面的作用

二、船舶平衡方程

根据阿基米德原理，物体在水中所受到的浮力等于该物体所排开水的重力。船舶受到的浮力 F 为

$$F = \rho \cdot g \cdot V = \gamma \cdot V$$

式中，F 为浮力（kN）；ρ 为水的密度（t/m³）；g 为重力加速度（m/s²）；V 为船舶排开水的体积（m³）；γ 为水的重度（N/m³）。

船舶排开水的重力 W 等于浮力 F，即

$$W = V \cdot g = F = \gamma \cdot V$$

船舶排开水的质量为

$$\Delta = \rho \cdot V$$

式中，Δ 为船舶排开水的质量。

综上所述，船舶静浮于一定位置时只受到两个力的作用，即作用于重心 G 点并垂直向下的重力 W 和作用于浮心 B 点并垂直向上的浮力。因此，船舶的平衡条件如下。

（1）重力与浮力的大小相等，方向相反。

（2）重心 G 和浮心 B 在同一铅垂线上。

重力的大小取决于船体本身和所装载的总重量。重心的位置取决于船各部分重量（包括载重量）的布置。浮力的大小取决于排水体积与水的重度，浮心的位置取决于排水体积的形状，因为浮心是排水体积的形状重心。

船舶浮态有正浮状态，船舶浮于静水中的状态称为浮态。船舶漂浮于静水面，既无纵倾又无横倾称为正浮。

三、船舶重量和重心位置计算

船舶浮性关键的是重量、重心、排水量（浮力）和浮心四大要素及它们彼此间的关系。重量、重心可根据总布置图、结构图及有关技术资料进行计算，而排水量和浮心则需型值表和型线图进行计算。

船舶的总重量是船上各个组成部分重量的总和，若已知各个组成部分的重量 W_i，则船的总重量 W 可按下式求得：

$$W = W_1 + W_2 + \cdots + W_n$$

式中，n 为组成船舶总重量的各项重量的序号。

船舶的各项重量包括以下方面。

（1）固定重量：包括船体钢料重量、机电设备重量和木作舾装重量三大部分。对渔船而言，还包括固定压载。在使用过程中，它们的重量和重心是固定不变的，这类重量的总和称为空船重量。

（2）变动重量：包括燃料、粮食、水、货物或渔船的渔获物、定额船员及其他消耗物质的重量等。这类重量主要根据船的装载情况而变化，故也称为装载重量。

船的排水量是空船重量和装载重量之和。由于在实际使用中装载重量是变化的，故船的排水量也随之变化，船舶的各种技术性能也发生变化。民用运输船舶的典型装载情况有两种，其相应排水量也有两种。

（1）空载排水量：是指船舶建成后交船时所对应的排水量，即空船重量，动力装置内有供动车用的油和水，但无航行所需的燃料、滑油和炉水储备以及其他载重量。

(2)满载排水量：除空载排水量外，尚加上按照设计规定装载各种载荷时的总重量，称为满载排水量。

对渔船来说，其基本装载情况有满载出港、捕鱼中、满载离渔场、满载到港、半货到港和空船到港等状态。

四、正浮状态下排水量的计算

船舶的浮力和浮心位置是随着船舶的装载情况变化而变化的，所以在研究浮性时，必须计算船舶在不同吃水量时的排水量和浮心坐标。而排水量和浮心坐标的计算，实际上就是排水体积和排水体积形心的计算。

五、漂心及每厘米吃水吨数

漂心就是水线面面积的形心或重心。

如果船舶在正浮状态，装载重物（重量不大于10%排水量）后，仍能维持正浮状态，即只有平均吃水的变化，而不发生横、纵倾斜，其条件就是必须把重物放在漂心上，使重物重心与漂心在同一铅垂线上，如图5-2所示。

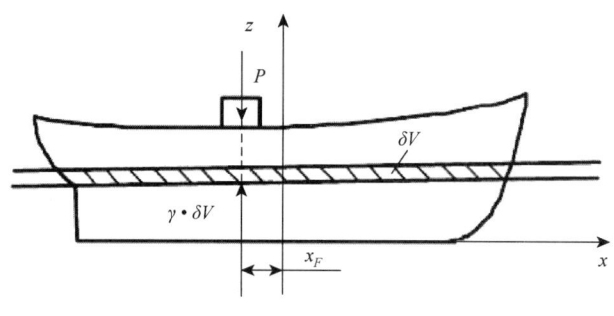

图 5-2　船舶正浮状态

六、储备浮力及干舷

船舶在特殊情况下，若发生破损船舱进水或超载等，为保证船舶的浮性和安全，必须具备一定的储备浮力。所谓储备浮力就是自设计水线至水密甲板的水密部分体积。

储备浮力的大小与干舷有关，干舷大则储备浮力大。中小型渔船一般有较大的干舷，但干舷过大，使船的受风面积增大，对船的稳性和操纵性不利。

第二节　稳　　性

一、基本概念

稳性是船舶在外力作用下不致倾侧到危险倾角，当外力消除后，能自行恢复到原平衡位置的性能，是船舶最基本的性能之一。

船舶的三种平衡情况，如图5-3所示。

1. 稳定平衡

船舶在倾斜力矩作用下缓慢地横倾一小角度 $\varPhi$，倾斜前后的水线分别为 WL 或 W_1L_1，如图 5-3（a）所示，若船上的载荷不随船的倾斜而移动和改变，则船的重心位置不变，排水体积也不会改变，但排水体积的形状发生了变化，浮心由原来的位置 B 点移到 B_1 点。此时，重心和浮心不再位于同一铅垂线上，重力和浮力形成一个促使船回复到原来平衡位置的力偶，该力偶的矩为扶正力矩或复原力矩，以 M_R 表示如下：

$$M_R = \Delta g GZ \text{（N·m）}$$

式中：Δ 为船舶排水量（t）；g 为重力加速度（m/s²）。GZ 为复原力臂或称扶正力臂，为过 G 点到浮力作用线的垂直距离（m）。

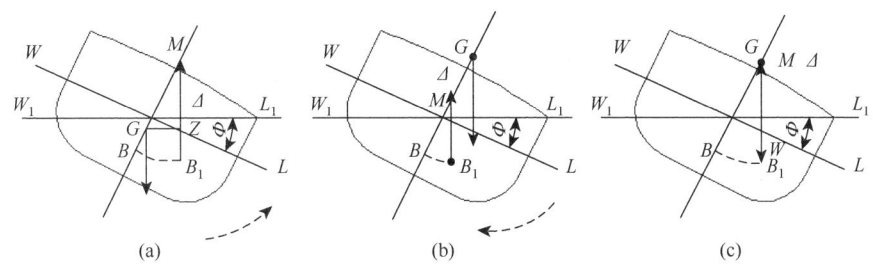

图 5-3 船舶的三种平衡

由图可见，复原力矩与外倾力矩的方向相反，它起着抵抗倾斜的作用。当外倾力矩消除后，在 M_R 的作用下，船舶能回复到原来的平衡位置，船舶处于稳定平衡状态。

2. 不稳定平衡

图 5-3（b）表示当船产生横倾时，复原力矩与外倾力矩的方向相同，它促使船舶进一步倾斜甚至倾覆，此时船舶处于不稳定状态。

3. 中性平衡

图 5-3（c）表示当船产生横倾时，重力和浮力恰好作用在同一铅垂线上，复原力矩等于零。当外力消除后，船不会恢复到原来平衡位置而将保持在所倾斜的位置上，这就是中性平衡。处于中性平衡的船舶，也是不稳定的。

在稳性问题研究中，常进行如下分类。

（1）横稳性和纵稳性：若所讨论的是在平行于舯剖面的倾斜的稳性问题，称为横稳性，若所讨论的是在平行于舯纵剖面内倾斜的稳性问题，称为纵稳性。

（2）静稳性和动稳性：若在倾斜力矩作用下，船舶倾斜过程中的角速度很小并趋于零，直至复原力矩与倾斜力矩相等达到平衡，这类稳性问题称为静稳性；若倾斜力矩是突然作用在船上，使船舶倾斜时有角速度，且只有当倾斜力矩所做的功完全由复原力矩所做的功抵消时，倾斜的角速度才变为零而使船舶达到平衡状态，这类稳性问题称为动稳性。

（3）初稳性和大倾角稳性：初稳性是指横倾角小于 10°～15° 或甲板边缘开始入水或舭部开始出水前的稳性。初稳性也称为小倾角稳性。

大倾角稳性是指横倾角大于 10°～15° 或甲板边缘入水或舭部出水后的稳性。

船舶的纵倾一般都属于小倾角稳性，而大倾角稳性一般仅在横倾时产生，故大倾角稳性也称为大倾角横稳性。

船舶水线面的形心也就是其面积重心，称为漂心。船倾斜一小角度前后的水线为

WL 和 W_1L_1,在等体积倾斜情况下,由于排水体积大小保持不变,故 W_1L_1 称为等体积倾斜水线。

二、初稳性公式

船舶在横倾一小角度 Φ 时,由图 5-3(a)可见,浮心 B 点沿某一曲线移至 B_1 点。这时浮力作用线垂直于 W_1L_1,并与中线交于 M 点,称 M 点为横稳心或初稳心,BM 称为横稳心半径或初稳心半径。

重心 G 和浮心 B_1 不在同一垂线上,会产生一个复原力矩,或称扶正力矩 M_R,即

$$M_R = \Delta g GZ = \Delta g GM \sin\Phi \quad (\text{N·m})$$

式中,GM 为横稳性或称初重稳距、初稳性或简称稳性(m);GZ 为扶正力臂或复原力臂、静稳性臂(m)。

因为横倾角较小,$\sin\Phi \approx \Phi$,上式可以写成初稳性公式:

$$M_R = \Delta g GM \Phi$$

由初稳性公式可看出,重心 G 和稳心 M 的相对位置决定 M_R 的大小和方向。重心可以低于稳心,也可能位于稳心之上或两者重合,据此可判断船舶的稳性性能。

(1)重心 G 在稳心 M 之下,M_R 的方向与横倾方向相反,可认为 M_R 和 GM 均为正值,当外力消除后,M_R 使船回复到原来的平衡状态。凡具有这种稳性的船舶,对它的原平衡状态来说是稳定的,即为稳定平衡。如图 5-3(a)所示。

(2)重心 G 在稳心 M 之上,M_R 的方向与横倾方向相同,它促使船舶继续倾斜,这对于它的原平衡状态来说是不稳定的,即为不稳定平衡。此时 M_R 和 GM 均为负值。如图 5-3(b)所示。

(3)重心 G 和稳心 M 重合,$GM=0$,$M_R=0$,当外力消失后,船舶既不会回到原来平衡位置,也不会继续倾斜,对于它的原平衡位置来说是中性的,即为中性平衡或称随遇平衡。如图 5-3(c)所示。

显然,船舶横倾一个小角 Φ 时,GM 越大,M_R 也越大,船舶抵抗倾斜力矩的能力就越强。因此,GM 可作为衡量船舶初稳性的主要指标。但 GM 过大的船舶,摇摆周期短,遇到风浪会产生急剧的摇摆;反之,GM 稍小的船,虽然抵抗倾斜力矩的能力稍差,但有足够长的摇摆周期能使船的摇摆变得缓和些。各类船舶的 GM 值,根据其用途、航区等因素的不同,有一合适的范围,如表 5-1 所示。

表 5-1 各类船舶在设计排水量时的大致 GM 范围

船舶类型	GM/m	船舶类型	GM/m
客船	0.3~1.0	航空母舰	2.7~3.5
干货船	0.3~1.0	驱逐舰	0.7~1.2
油船	1.5~2.5	鱼雷快艇	0.5~0.8
拖船	0.5~0.8	内河客货船	$0.2B$~$0.25B$
渔船	0.5~1.0	水下潜艇	0.2~0.4

船舶在纵倾一小角度 θ 时，其浮心的移动以及形成扶正力矩的情况，如图5-4所示。依照研究横倾的方法，可求得纵倾时的复原力矩 M_{RL} 为

$$M_{RL} = \Delta g GM_L \text{（N·m）}$$

式中，GM_L 为纵稳性高（m）。

上式为纵稳性公式。图中的 M_L 点称为纵稳心，一般船舶的 M_L 点比 G 点高得多，其纵稳性高 GM_L 与船长为同一量级，因此，纵稳性是足够的。

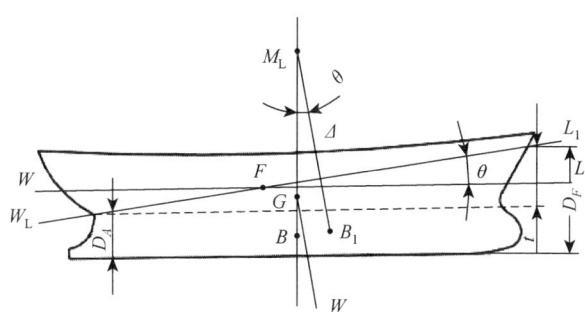

图5-4 船舶纵倾小角度时的情况

欧拉定理：在小倾角情况下，两等体积倾斜水线面的交线必然通过两水线面的漂心。

浮心移动定理：在若干物体组成的系统内，若其中一个物体向任意方向移动，则整个重心也向该方向移动。

其物体系位移值与移动物体位移值的比值=移动物体质量/整个物体系质量，即

$$\frac{L}{l} \propto \frac{m}{M}$$

式中，L 为物体系位移；l 为移动物体位移；M 为物体系质量；m 为移动物体质量。

三、大倾角稳性

当船舶倾斜时，横倾角 Φ 大于 10°～15° 或甲板边缘入水或舭部出水后，其复原（扶正）力臂（矩）不能再用初稳性公式计算。复原力臂（静稳性臂）和 Φ 的曲线图称为静稳性曲线图，如图5-5所示。曲线的最高点表示船舶在该装载情况下所能发挥的最大复原力矩或最大静稳性臂 l_{max}，或者称为船舶所能承受的最大静倾力矩，即静力作用下的最大外倾力矩。其对应的横倾角称为最大静稳性臂对应角 Φ_{max}。曲线下的面积表示为复原力矩所做的功，面积越大，船的稳性越好。

考虑到外力矩的动力性质，如阵风的突然吹袭或海浪的冲击，以及船在浪的作用下已有摇摆运动的情况，船所能承受的极限动倾力矩（力臂）或称最小倾覆力矩（力臂）最小，而所产生的动倾角最大，对船最为危险，如图5-6所示。因此，检验规则以船在风浪联合作用下最危险的工况作为稳性的衡准。

四、稳性衡准要求

对国际渔船的稳性衡准要求有原力臂曲线下的面积、横倾角大于等于 30° 时的复原力臂值、最大复原力臂对应的横倾角、初稳性高度值等。

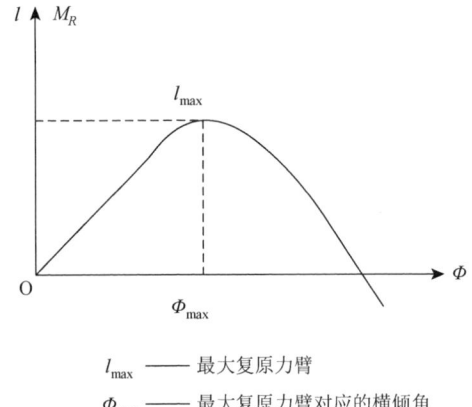

l_{max} —— 最大复原力臂
Φ_{max} —— 最大复原力臂对应的横倾角

图 5-5 静稳性曲线图

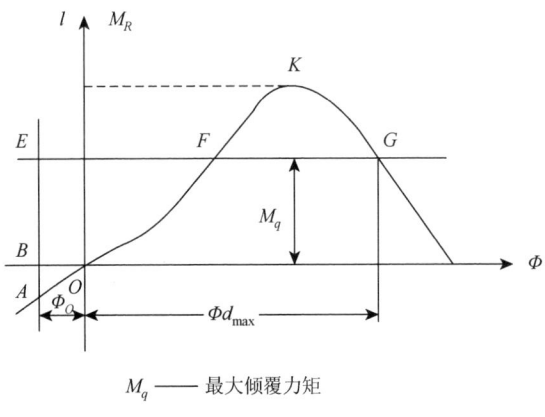

M_q —— 最大倾覆力矩

图 5-6 风浪联合作用下的稳性

对于非国际渔船,有稳性衡准数 $K = \dfrac{l_c}{l_v} \geqslant 1$(式中,$l_c$ 为最小倾覆力臂,l_v 为风压倾侧力臂)、横倾角为 30°时的复原力臂值、最大复原力臂对应的横倾角、初稳性高度值等。

计算时,应涉及进水角的影响。在所有装载情况下,初稳性高度和稳性曲线均应经舱柜中液体的自由液面修正。

五、稳性试验

1. 倾斜试验

倾斜试验的目的在于确定空船排水量和重心的实际位置。试验结果应给出空船状态下的排水量、重心位置及初重稳矩,编制倾斜试验报告并提交给船检部门。船舶应尽可能在接近完工状态(空船状态)下,进行倾斜试验。如船舶限于条件,难以达到空船状态,可允许有不包括油、水在内的少量多余或不足物件。多余或不足物件的重量一般应不超过空船排水量的 0.5%。

倾斜试验的基本原理为

$$\tan\Phi = pl/\Delta GM$$

已知移动重量 p 和移动距离 l，可得移动力矩 $M=pl$；利用挂锤、U 型管及其他装置测得横倾角 Φ（$\tan\Phi=b/\lambda$，λ 为挂锤长；b 为挂锤横移距离，由标尺读得）；由试验状态的吃水查静水力曲线得到相应的排水量 Δ；由下列公式求得 GM（最小二乘法计算 GM）：

$$GM = \frac{1}{\Delta}\left[\left(\sum \frac{M_i \tan \Phi_i}{n+1}\right)\right] \bigg/ \frac{\sum \tan^2 \Phi_i - \left(\sum \tan \Phi_i\right)^2}{n+1}$$

式中，$i=1, 2, \cdots, n$。

新建船舶完工时，除另有规定者外，必须进行倾斜试验。同一船厂按同一审批图纸建造的同型船，除首制船外，可进行空船排水量测量以替代倾斜试验。若后续姊妹船的空船排水量及重心的纵向位置与首制船相差均不超过 0.5% 时，则首制船的完工稳性报告及装载手册可直接用于该船。若其空船排水量与首制船相差超过 2%，或重心纵向位置相差超过 1% 船长，该船应重新进行倾斜试验。

改装或修理中使稳性变动较大的船舶营运中因改变作业引起重心变化而对稳性产生怀疑的船舶，均应重新进行倾斜试验，并根据试验结果重新报审稳性资料。

2. 摇摆试验

船舶摇摆试验的目的在于测定船舶横摇固有周期，从而大致确定船舶初重稳距。这种方法仅适用于船长小于 70m 的船舶。船长小于 37m 的船舶，在进行倾斜试验的同时应进行摇摆试验，根据倾斜试验结果计算所得的空船状态下的初重稳距和摇摆试验测得的横摇固有周期求得该船的横摇系数。对于因种种因素不能提供经认可的船舶稳性资料的船舶，船检部门可建议采用摇摆试验的方法作为大致确定船舶初重稳距的一种方法。

通过摇摆试验，船舶初重稳距 GM_0 可按下式计算：

$$GM_0 = \left(\frac{fB}{T_r}\right)^2$$

式中，f 为横摇周期的因数（横摇系数）；B 为船舶宽度（m）；T_r 为全横摇周期的时间（s）。

船舶摇摆试验所要求的横摇周期是船舶一个完整横摇的时间，为确保最准确的结果，船舶摇摆试验的程序如下。

（1）试验应以船舶在港内，以及在受风和潮最小影响的平静水域中进行（风力小于蒲氏 3 级、水深不小于 3 倍空船吃水、船舷两侧距岸大于等于 2 倍船宽的水域空间）。

（2）船舶从横摇至一舷（如左舷）的极点，即将要向正浮状态横摇之时开始，到船舶横摇至另一舷（即右舷）的极点，再回复至原始点即开始下一次横摇时止，完成 1 次完整的横摇。

（3）用秒表记录不少于 5 次完整横摇的时间，这些横摇的计数应从 1 次横摇的极点开始。待横摇完全消失后，该操作应重复至少 2 次以上。若有可能，在任何一种情况下，应对相同数量的完整横摇进行计时，以确认其读数是一致的，即在合理的范围内重复其本身。已知横摇总数的总时间，1 次完整横摇的平均时间便可计算出来。

（4）船舶横摇的产生可在尽可能远离中线处周期性地吊起和放下重物；或用绳索拉动船桅；或用 1 组人员（1 或 2 个）一起横向跑动；或用其他方法。但是，一旦该强制横摇开始，导致横摇的方法应立即停止，并让船舶自由和自然摇摆。如果用吊起和放下重物来产生横摇，则最好用码头起重机将重物吊离；如果使用船上吊杆，则一旦横摇形成，应立即将重物放置于中心线处的甲板上（人员应回蹲到船首尾中心线上）。

（5）横摇的计时和计数，只有当判定船舶是自由和自然横摇时才可开始，且应按需要尽量多次地精确计取横摇的数量：

$$T_\theta = 1/N \sum (t/n)_i$$

式中，N 为试验重复次数；n 为每次记录的完整横摇数；t 为 n 次完整横摇的总时间（s）；i 为 $1 \sim N$ 次。

（6）系缆应放松，解去横缆，以免在横摇阶段有任何碰触。

（7）凡易产生摆动（如救生艇）或移动（如卷筒）的有足够尺度的重物，均应予以系固。未装满舱柜的自由液面影响应在试验时和航行中尽可能保持在最小限度。

对于 0.2m 或以下 GM_0 的长周期横摇状况，采用这种方法来确定 GM_0 实际值的准确性将会降低。此外，在受扰水域中采用横摇试验来确定稳性，应仅被视为一种非常近似的估算。

例题 某渔船宽 2.40m，自由横摇试验记录数据见表 5-2，核算其稳性。

表 5-2 某渔船自由横摇试验记录数据

试验次数	时间/s	横摇次数	平均周期/s
第一次	7.2	4	1.8
第二次	7.4	4	1.85
第三次	7.6	4	1.9

从记录看，对该船共做了三次试验，每次试验各观察了 4 个自由完整横摇，其时间分别为 7.2s、7.4s 和 7.6s，第一次试验的平均周期为 1.8s，第二、三次试验的平均周期分别为 1.85s 和 1.9s。由上面的公式可以计算得到：

$T_\theta = 1/3（7.2/4+7.4/4+7.6/4）=1.85$（s）（测定值）

$GM=(0.75 \times 2.4/1.85)^2=0.947$（m）（计算值）

而 $0.30+0.02B=0.30+0.02 \times 2.4=0.348$（m）（最小要求值）

∵ $GM > 0.30+0.02B$

∴ 该渔船的稳性合格。

六、提高稳性的措施

稳性衡准的指标是初稳心高度、稳性衡准数 K、稳性曲线的面积及特征值等。因此，渔业船舶可从两方面采取措施以提高稳性。

（1）在设计时：增加船宽；增加型深（干舷）；减少受风面积；降低重心；减少甲板开口；增加进水角；减小自由液面；设置减摇装置，如舭龙骨、呆木等。

（2）在使用时：减小受风面积；降低重心；减少自由液面；甲板开口的密闭；甲板排水口的畅通；防止甲板上重物移位等。

第三节 抗 沉 性

一、基本概念

抗沉性是当船舶发生海损事故，船舶一舱或数舱破损进水时，船舶仍能保持足够的浮性和稳性而不致沉没和倾覆的性能，是船舶的基本性能之一。

船舶的抗沉性是由水密舱壁将船体分割成若干水密舱来保证的。一般来说，水密舱壁越多，船就越安全。但水密舱壁太多，将使船舶有关装备和机械的布置变得复杂和困难，同时由于舱壁太多也增加了船体的重量；另外，舱的数目增加也会使甲板开口增加，不仅不利于货物装卸，还使结构复杂。因此，水密舱壁的划分除考虑抗沉性要求外，还必须从使用性能方面考虑。

研究抗沉性的目的如下。

（1）在舱室布置已经确定的情况下，对任意舱破损进水后船舶浮性和稳性进行计算，以判别是否符合抗沉性要求。

（2）从保证抗沉性出发，决定舱壁的布置，即计算分舱的极限长度——可浸长度，使任意舱进水后水线均不超过规范定界线。

作为船舶的使用和管理人员应对抗沉性的内容有所了解，以利于使用与管理船舶。

船舱内有各种结构的构件、机械装备和货物等，因此实际进水体积 v_1 比空舱的型体积 v 小，两者的比值为渗透率 u：

$$u=v_1/v$$

渗透率 u 的大小视舱室用途及装载情况而定，综合我国《海船分舱和破舱稳性规范》与有关规范所规定的 u 值，如表 5-3 所示。

表 5-3 船舶各部分 u 范围

舱室名称	渗透率
杂货舱	0.60
起居处所	0.95
机舱、电站、渔业加工设备处所	0.85
供装载液体处所	0（满舱）或 0.95（空舱）

除上述体积渗透率外，还有面积渗透率 u_a。u_a 的定义为：实际进水面积 a_1 与空舱面积 a 之比。通常 u 小于 u_a，一般情况取两者同值。

二、进水舱的分类

船舱破损进水可分为下列三类。

（1）第一类舱：舱的顶部位于水线以下，船体破损后海水灌满整个舱室，但舱顶未破损，因此舱内没有自由液面。双层底和顶盖在水线以下的舱柜属于这类情况。

（2）第二类舱：进水舱未被灌满，舱内的水与舷外的海水不连通，有自由液面。例如，船体破损的洞已被堵塞但水未抽干的舱室等属于这类舱室。

（3）第三类舱：舱的顶盖在水线以上，舱内的水与舷外的海水相通，因此舱内水面与海水保持同一水面。这是海损舱内进水较典型的情况。

三、计算抗沉性的两种基本方法

船舱破损进水后，若进水量不超过排水量的10%～15%，则可以用初稳性公式来计算船舱进水后的浮态和稳性。基本方法有两种。

（1）增加重量法：把破舱后进水船内的水看成增加的液体载荷。因此，船的排水量增加了，且重心位置发生变化。

第一类和第二类进水舱的计算，均可用增加重量法。不同之处是第二类舱还须考虑自由液面存在对稳性的影响。具体计算可用稳性公式中载荷装卸和自由液面对浮态和稳性影响的有关公式进行。

（2）损失浮力法：把破舱后的进水区域看作不属于船的，即该部分的浮力已经损失。而损失的浮力靠增加船的吃水来补偿。因此，船的排水量保持不变，故也称固定重量法。

第三类舱进水量随船的吃水增加而增大，其水面与船外的最后吃水保持一致，因此用增加重量法进行计算很不方便，故常用损失浮力法来进行计算，并认为舱室进水后，船的排水量和重心位置保持不变。

四、船舶分舱

1. 限界线

为了保证船舶在破舱进水后不致沉没，对其下沉应有一定的限度，这就必须对船舱进行水密分隔，即设置水密舱壁，且应对船舱长度有所限制。我国《海船分舱和破舱稳性规范》规定，船舶的下沉极限是在舱壁甲板（水密横舱壁所达到的最高一层甲板）上表面以下至少76mm处并平行于甲板边线所绘制的一条曲线，称为完全限界线（简称限界线），如图5-7所示。也就是说，船舶破损后至少应有76mm的干舷。限界线上各点的切线表示所允许的最高破舱水线，或称极限破舱水线。

2. 可浸长度曲线

为了保证船舶在破损后的水线不超过限界线，对船舱的长度必须加以限制。船舱最大许用长度称为可浸长度，它表示具有可浸长度的船舱在进水后其破舱水线恰与限界线相切。可浸长度随着船长方向的位置变化而变化。

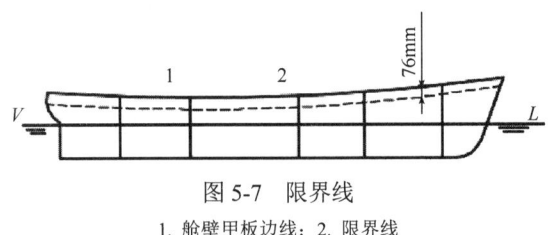

图5-7　限界线
1. 舱壁甲板边线；2. 限界线

计算可浸长度的基本原理是根据破舱水线在与限界线 p 相切的情况下算出所破损船舱的长度及其位置。

根据上面算得各处进水舱的可浸长度，在船体的侧视图上标出各进水舱长度的中点，并作垂线，在垂线上截取一长度等于可浸长度，并连成曲线，该曲线即为可浸长度曲线。由图 5-8 可见，位于船中部的可浸曲线较大，是因为虽然舱室进水体积较大，但船体几乎平行下沉，而在船中的前后区域则因该区域的舱室在进水后会产生纵倾，为防止纵倾过大超越限界线，故可浸长度必然下降，而艏、艉两端，则因船体瘦削，进水量显著减小，故可浸长度又增大。

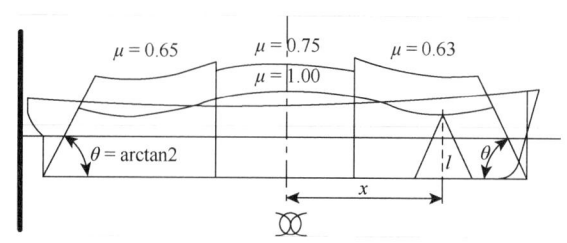

图 5-8 可浸长度曲线

3. 许用舱长

仅用上述可浸长度曲线来检验船舶相邻两横舱壁的布置情况，就不能体现各类船舶对其的不同要求。在规范中用一分舱因素 F 来决定许用舱长，即以船长中任何点为中心的最大许用舱长（$L_{许}$）等于其可浸长度（$L_{浸}$）乘以分舱因素（F），用公式表示为

$$L_{许}=L_{浸} \cdot F$$

式中，F 为分舱因素；$L_{许}$ 为最大许用长度；$L_{浸}$ 为可浸长度。

船舶水密舱室的划分，往往是根据布置要求以及强度观点来考虑的。许用舱长仅是根据抗沉性要求对舱长的一种限制，只要实际舱长小于或等于许用舱长，船舶的抗沉性就可以满足要求。

上述可浸长度和许用舱长的计算，均未考虑破舱后的稳性问题，故必须对稳性进行校核。适用于海洋客船的海船分舱和破舱稳性规范，对于破舱稳性的要求，是在所有营运状态下，船舶应具有足够的完整稳性（破舱前的稳性）以支持其一舱制船在一个主舱浸水，二舱制船在任意相邻两主舱或三舱制船在任意相邻三主舱浸水后仍满足下列要求。

（1）在对称浸水情况下，当采用固定排水量法（即损失浮力法）计算时，GM 应为正值且应至少有 50mm。

（2）在不对称浸水情况下，船舶浸水的终了阶段不得淹没限界线。

目前，对渔船这样的小型海上工作船没有提出分舱与破舱稳性规定。但是，有关规范也提出，对包括渔船在内的一些船舶（即除空船、船长大于 100m 的货船以及船长大于 50m 的救助拖船外的船舶），都要在实际需要和营运条件许可的范围内，尽量具有较好的分舱特性。

渔船的设计人员、管理人员以及使用人员都应注意有关分舱与破舱稳性的要求。

第四节 快 速 性

一、基本概念

船舶在水中航行时，在一定主机功率下以较快速度航行的能力，是船舶的基本性能之一。为此，船舶必须通过主机和推进器提供推力以克服船舶航行时的阻力。一般推力是由推进器供给的，而推进器的能量则来自主机。因此，船舶快速性是研究船舶消耗较小的机器功率而能达到较高航速航行的性能。

船在水中以航速 V 航行时，必然会受到水和空气的阻力 R。推进船舶克服阻力而前进，所需的功由船舶主机供给。主机发出的功经轴系传递到推进器。经推进器的转换而产生推力 T，以克服船舶阻力 R 而做功，使船舶维持航速 V 航行，整个过程的能量分配如图 5-9 所示。

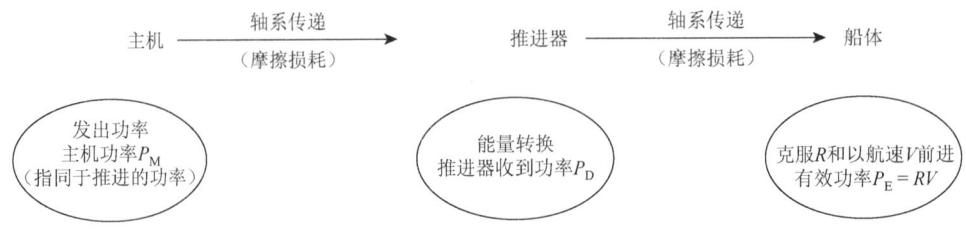

图 5-9　船舶航行过程能量分配

轴系传递效率：

$$\eta_S = \frac{P_D}{P_M}$$

推进效率：

$$\eta_D = \frac{P_E}{P_D}$$

推进系数：

$$P_C = \frac{P_E}{P_M} = \eta_S \eta_D$$

式中，P_M 为主机功率；P_D 为推进器收到功率；P_E 为克服阻力以船速前进的有效功率。

推进系数 P_C 是对整个推进系统性能好坏的一种全面衡准，是整个推进系统的效率。推进系数与船型、主机类型、螺旋桨效率、螺旋桨的位置等诸多因素有关。

由 $P_C = \dfrac{P_E}{P_M}$ 可得

$$V = \eta_S \eta_D \frac{P_M}{R}$$

从该式可以看出，要想改善船舶的快速性能，可以从以下两个方面入手。

（1）提高推进系数 P_C：①设计选用优良的推进方式和推进器，提高推进效率；②螺旋桨与艉型和舵配合得当，可以改善船舶的推进性能；③提高轴系传递效率。

（2）减少船舶阻力 R，即设计优秀的船型，降低船体表面粗糙度等。

二、船舶阻力

根据快速性的含义，它包含船舶阻力和船舶推进两部分。船舶阻力是研究船体在水中航行时各种阻力的成因及变化规律，研究减小各种阻力的方法及设计低阻力的船型；估算阻力的大小并作为设计推进器和决定主机功率的依据。

船体阻力可分为船体水上部分和上层建筑所遭受的空气阻力，以及船体水下部分所遭受的水阻力。对一般船舶而言，在正常天气下的空气阻力占总阻力的 2%～3%，故船体所遭受的阻力主要是水阻力。按照海面的气象情况，水阻力可分为静水中的静水阻力和风浪中所增加的汹涛阻力。

静水阻力中，按船舶承受阻力的部位来分，可分为裸船阻力和附体阻力。通常把裸船体所承受的阻力称为总阻力或主体阻力，其由摩擦阻力、黏压阻力和兴波阻力三部分组成；而附体阻力是指突出于裸船体之外的附属体，如舭龙骨、舵、轴支架、轴包架等所产生的阻力。一般附体阻力占总阻力的 3%～4%。船舶承受阻力具体如图 5-10 所示。

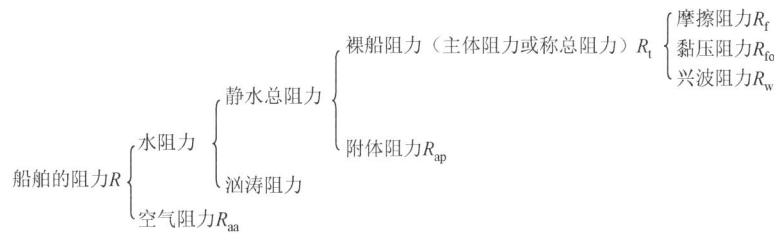

图 5-10　船舶阻力的组成

对于同一艘船，阻力主要随航速而变化，摩擦阻力 R_f 大约正比于航速的 1.83 次方，黏压阻力（也称漩涡阻力）R_{fo} 大约正比于航速的平方，而兴波阻力 R_w 随着航速的增加变化更快，正比于航速的 4～6 次方，而且有峰值与谷值现象。因此，船舶在航行时摩擦阻力和剩余阻力在总阻力中所占的百分比是随航速改变的。速度较低的船（弗劳德数 Fr 在 0.18 以下），摩擦阻力约占总阻力的 75%，而剩余阻力为 25%；速度高的船（Fr 平均为 0.38～0.52），摩擦阻力仅占总阻力的 40% 左右，而剩余阻力则占 60%。由此可见，低速船摩擦阻力是主要的，而高速船剩余阻力是主要的。

船体附属装置（简称附体，如舭龙骨、舵及舵柱、轴支架、导流管等）所引起的阻力为附体阻力，其阻力成分主要是摩擦阻力和漩涡阻力。附体的形状和安装位置对其漩涡阻力将产生很大的影响。附体阻力一般可取为船体总阻力 R_t 的 10%～15%。

与水阻力比起来，空气阻力要小得多，空气阻力 R_{aa} 不仅与风速有关，还和风向有关。许多试验指出，当风向与船舶运动方向成 25°～30° 的交角时，阻力最大。若风速不大于 2 级时，一艘船舶的空气阻力常不大于水对裸船体总阻力 R_t 的 2%～3%。

船舶在静水中航行时，船体与水接触的湿面积受到水的作用力，其大小与船的尺度、形状、速度和周围的流动现象密切相关。

当船舶航行于汹涛之中时，阻力会大大增加。因汹涛而增加的阻力称为汹涛阻力。汹涛阻力问题相当复杂，估算也相当困难。实用上，汹涛阻力多用储备功率来考虑。

渔船在拖网作业时，除受到水和空气的阻力之外，还会受到网具的附加阻力。

航道对阻力的影响：航道有浅水道（仅水深受限）、狭窄水道（深度及宽度匀受限）等，其对阻力的影响主要取决于航道的深度、宽度、船的尺度及航速间的相对情况。在航速较低时，航道对阻力不产生影响，可作为深水航道情况处理；但航速较高时，航道对阻力的影响可能相当显著，故必须考虑限制航道问题。在浅水道中，船速达到临界速度（即 $v_s=\sqrt{gh}$）时兴波阻力出现极大值，阻力曲线出现峰值；狭窄航道对阻力的影响比浅水航道的影响更显著（当航道宽/船宽＞20、且水深 Fr＜0.5 时，可不考虑航道对阻力的影响）。

船体形状对船舶阻力有极大的影响。因此，减少船舶阻力的主要途径是根据船的速度范围选择设计优良的船型。此外，降低船体表面粗糙度是一重要途径。

船体表面，特别是前部表面的粗糙度对船舶摩擦阻力的影响是很明显的，而摩擦阻力一般占船舶总阻力的大部分，因此表面粗糙度在整个阻力问题中也占有十分重要的地位。姊妹船在试航情况下，其所需主机功率相差可达 15%，可能是表面粗糙度不同而引起的。船舶表面粗糙度分为钢板凹凸不平和油漆不均匀的普通粗糙度，以及由焊瘤、横缝和纵缝引起的局部粗糙度两种，因此，在船舶建造时要注意船壳板的平顺、光洁，船体表面特别是前部表面的焊瘤必须磨平、油漆应均匀、表面要光滑。

另外，船舶附体、防蚀锌板的安置位置要正确，以尽可能减小其引起的漩涡阻力。

船在水中航行一段时间后，船体进水面容易附生一些藻类、贝类等生物，使表面粗糙度增加。这不但使船体的摩擦阻力增加，而且加速了船体的腐蚀，这种现象称为污底。为了避免严重的污底，船舶应定期进坞清洗，并涂刷高效防垢底漆。

三、船舶推进器

船舶推进器通常分为主动式和反应式两类。主动式推进器的能源就直接作用在船上，例如，帆就是利用风的能量直接获得推力。反应式推进器是依靠水对推进器的反作用来获得推力，它又可分为叶片式推进器和喷水推进器两种。叶片式推进器，螺旋桨在工作时是依靠桨叶拨水向后，水的反作用力作用在螺旋桨上使螺旋桨产生推船前进的力。喷水推进器喷水向后，水的反作用力直接由固定在船体上的喷管或其他结构来承受并使船前进。

船舶推进器的种类很多，但在渔船上应用的推进器，主要有以下种类。

1. 风帆

自远古至 20 世纪，风帆一直是船舶的主要推进器。优点是可以无代价地利用风力，缺点是受风向和风力的限制，船舶的航速和操纵性受到影响。自蒸汽机作为船舶主机后，帆被其他型式的推进器所代替。目前，由于燃料紧张，为节省能源，国内外又在研究风力的利用，古老的风帆推进器又重新在渔船上使用。但是重新启用的风帆在帆型、帆的材料以及操纵方式等方面都比古代风帆有所改进。但这种推进器在近代的机动渔船上多属于辅助形式的推进器。

2. 直叶推进器

直叶推进器由 4~8 个垂直叶片组成，叶片等间距地安装在圆盘上，圆盘与船体底部平齐。圆盘由主机通过传动机构绕垂直轴旋转，各叶片以适当的角度与水流相遇而产生推力，叶片又可绕本身的小轴转动而发出任何方向的推力。装有直叶推进器的船舶操纵灵活，既可前进，又可倒退，主机也不用反转而且效率较高。但是这种推进器结构复杂，叶片保护性能差，在渔船上未获得广泛应用。

3. 螺旋桨

螺旋桨是由若干桨叶（2~6 叶）组成的，桨叶固定在桨毂上，如图 5-11 所示。螺旋桨构造简单、造价低廉、使用方便、效率较高，是目前渔船上应用最广的推进器。

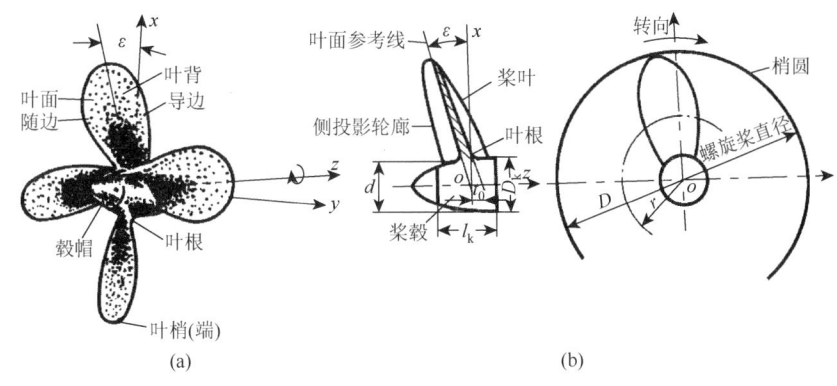

图 5-11 螺旋桨的外形和名称

1) 螺旋桨几何形状和参数

渔船螺旋桨常用 3 叶和 4 叶。

（1）螺旋桨直径和盘面积。螺旋桨旋转时，桨叶最外端（称外叶梢）的圆形轨迹称为梢圆，其直径 D 即为螺旋桨直径（半径为 R），是螺旋桨性能的重要几何参数。此圆形称为螺旋桨盘，其面积称为盘面积 A_0，$A_0=\pi D^2/4$。桨叶朝向艉的一面称为叶面，朝向艏的一面称为叶背。由船后所见螺旋桨的旋转方向，顺时针转向称为右旋，反之称为左旋。双螺旋桨转向（左、右桨是反向旋桨）向船外的，称为外旋；向船中的，称为内旋。螺旋桨旋转时，先与水相遇的边称为导边，随后的边称为随边。

（2）螺距与螺距比。桨叶的叶面是螺旋面的一部分，螺旋面上任何一处旋转一周轴向的升程称为该处的螺距（P）。若叶面各半径处的螺距相等，则称为等螺距螺旋桨，反之称为变螺距螺旋桨。变螺距螺旋桨通常以 $0.7R$ 处的螺距或各半径处螺距的平均值表示该螺旋桨的螺距。

螺距与螺旋桨直径之比称为螺距比（P/D），是螺旋桨性能的重要几何参数。

（3）盘面比。螺旋桨叶面在垂直于桨轴的平面上的投影轮廓称为投射轮廓，投射轮廓的面积总和称为投射面积。桨叶各半径处叶切面伸展成平面，并置于相应半径的水平线上，连接各端点所得的轮廓称为伸张轮廓，伸张轮廓的面积总和称为伸张面积，以 A_E 表示。A_E/A_0 称为盘面比。盘面比越大，桨叶越宽，桨叶越多，是螺旋桨性能的重要几何参数。

（4）叶切面。桨叶的切面形状通常为圆背式切面（即弓形切面）或机翼形切面。机翼形切面的叶型效率较高，但空泡性能较差，弓形切面则相反。故有的螺旋桨，如 B 型桨、AU 型桨在叶梢部分的叶切面用弓形切面以避免或延缓空泡的发生，但在低负荷时效率较差。

此外，还有最大厚度线、叶厚比和叶厚分数 t_0/D 等参数。螺旋桨工作时，叶面承受水的反作用力，桨叶要有一定的厚度以保证强度，因此要满足规范的要求。

2) 螺旋桨特性

螺旋桨工作时旋转一周，它的轴向实际前进距离称为进程（h_p），实际上，由于水被螺旋桨推动后移，进程并不等于螺距，其差值称为滑失（$P-h_p$），螺旋桨的进程与直径之比（h_p/D）称为螺旋桨进程比或进速系数，用 λ_p 表示。

螺旋桨工作时，产生推力和阻力矩，与水的密度（ρ）、螺旋桨转速（n）、螺旋桨直径

（D）有关，对于几何形状一定的螺旋桨，推力系数（K_1）和阻力矩系数（K_2）随进程比（λ_p）变化而变化，其相互关系由试验测出。

螺旋桨推力、扭矩、吸收功率、效率等参数与螺旋桨转速之间的关系，称为螺旋桨特性，将螺旋桨特性绘制在直角坐标系中的曲线，称为螺旋桨特性曲线。

根据能量守恒和动力平衡原理，螺旋桨推力和扭矩与转速的二次方成正比，螺旋桨吸收的功率与转速的三次方成正比。

四、渔船的特点

渔船中应用广泛的拖网渔船存在自航与拖航两种工况，另外有的渔船（如延绳钓渔船等）在作业中还有低速巡航的要求，这是与一般运输船的显著不同之处。拖网渔船在捕捞作业中承受的阻力有船体与网具两部分，船体所受阻力不大，约占渔船总阻力的15%，拖网网具的阻力约占85%。为使拖网渔船获得较高的推进效率，即在自航时有较高的航速，在拖网时有较大的拖力，而且又要使主机能在低"油耗/千瓦小时"指标下运转，通过长期研究，发展了可调螺距螺旋桨，其桨叶的螺距可根据需要进行调节，故在不同航行状态时，主机均能充分发挥功率，亦可在自航和拖航两种工况下，使主机充分发挥功率。也可采用多挡速比的齿轮箱，如一挡用于自航、一挡用于拖网、另一挡用于倒车，可使渔船在自航和拖网两种工况下充分发挥主机功率。由于齿轮箱的结构简单、造价低廉、维修保养方便，在中高速柴油机的中小型拖网渔船中应用广泛。导管螺旋桨则是在螺旋桨的外围装一个剖面为机翼型的圆套筒（称为导管），组成统一体称为导管螺旋桨。主要优点是对负荷较重的螺旋桨（如拖网渔船、拖船等）提高效率、增大推力，其导管可以是固定的、也可是转动的（兼舵的作用），由于结构简单、工作可靠、维修方便，在拖网渔船中也得到广泛的应用。

第五节 耐 波 性

一、基本概念

船舶耐波性是船舶在风浪中遭受外力干扰所产生的各种摇荡运动以及船舶的砰击、上浪、失速、螺旋桨飞车和受波浪弯矩作用等情况下，仍能维持一定航速和安全营运的性能，是船舶的基本性能之一。

耐波性是船舶在风浪中上述性能的总的反映，主要包括以下内容。

（1）摇荡：主要研究对船舶有严重影响的横摇、纵摇和垂荡。

（2）上浪：船舶在风浪中航行，由于激烈的摇荡使海浪涌上甲板的现象称为上浪。上浪主要是由严重的纵摇和垂荡引起的。

（3）砰击：由于严重的纵摇和垂荡，船体与波浪之间产生猛烈的局部冲击现象称为砰击。砰击多发生在艏部，艏底部露出水面，然后在极短时间内以大的速度落入水中从而发生猛烈的撞击。

（4）失速：风浪的作用使船舶所受阻力增大，航速将低于静水航速。另外，由于风浪的作用，还会限制船舶主机功率的充分发挥，使船舶主动减速。

(5) 螺旋桨飞车：船舶在风浪中航行，由于摇荡，螺旋桨可能露出水面，使螺旋桨转速剧增，并伴有强烈振动的现象称为螺旋桨飞车。

耐波性和船舶摇荡虽不是同义词，但是船舶摇荡是耐波性的主要内容，耐波性所涉及的其他内容也主要是由船舶摇荡引起的。一般说来，船舶摇荡性能优良，则耐波性也就会比较优良。

二、激烈摇荡的危害

船舶激烈的摇荡会对船舶产生一系列有害的影响，甚至引起严重后果，主要表现如下。

（1）船舶航行性能恶化：由于波浪的作用使船体所受阻力增加，航速降低。激烈的摇荡有可能引起螺旋桨出水产生飞车及恶化主机工作条件，增加主机燃料消耗，同时还会出现甲板上浪、船体砰击等一系列现象。上浪可能损害船上甲板机械，也影响船员在甲板上的操作及安全。大的摇荡有可能损坏船体结构。

（2）船上人员居住性恶化：摇荡产生的加速度会引起晕船，一般来说，发生晕船的概率随加速度的增加而增加。最大加速度发生在船首与船尾，主要是纵摇和垂荡引起的。据统计，当船舶加速度为 $3m/s^2$ 时就有近 38% 旅客晕船，当加速度为 $8m/s^2$ 时有半数以上旅客晕船。一般小船加速度都较大，渔船艏部加速度可达 $10m/s^2$。

（3）对安全性的影响：激烈的摇荡可能损害船上设备，也可能使舱室进水，货物移动，致使稳性变坏。横摇降低了船的抗风能力，在风浪作用下船舶可能出现很大的横摇角，甚至出现倾覆。

三、船舶摇摆与稳性的关系

一般 GM 值大，横摇周期小；反之则横摇周期大。稳性要求有较大的 GM 值，而 GM 值过大，横摇就剧烈。因此，稳性和摇摆应综合考虑。A、B 两级航区的波浪对船舶横摇的影响较大，检验规则规定在进行稳性计算时，应计入横摇对稳性的影响。

四、减摇装置

船舶在风浪中的过大摇摆，会给船舶航行使用性能造成一系列有害的影响，因此常设法采取一些措施来减小船舶的摇摆。对于纵摇和垂荡，一般采用改进前部、腹部线型的办法。对横摇来说，常采取一些构造上的措施，即设计专门的减摇装置来改善横摇性能。目前，通用的减摇装置有以下三种。

（1）舭龙骨：它是沿着船长安装在船的舭部，借以增加横摇阻尼以达到减摇的被动式减摇装置，如图 5-12 所示。它是一种结构最简单、效果较好、应用最广泛的减摇装置。

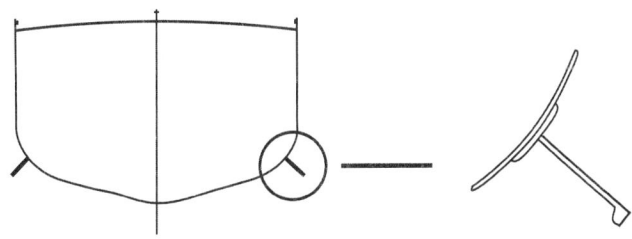

图 5-12　舭龙骨

（2）减摇鳍：它是减摇效果最好的主动式减摇装置，但其结构复杂，成本较高，需要动力和控制系统，目前多用于客船和军舰上，如图5-13所示。

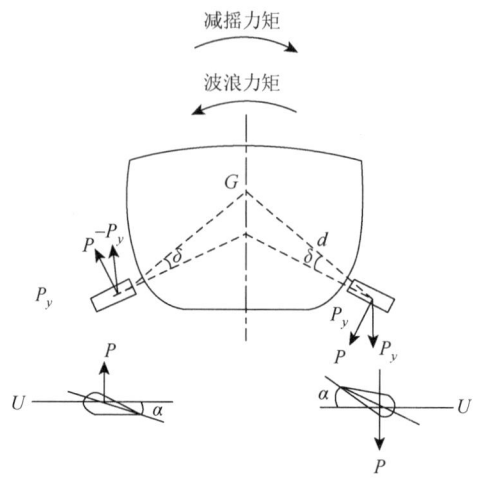

图 5-13　减摇鳍

（3）减摇水舱：它是船体内装设的一种特制的、两舷互通的水舱，如图5-14所示。当船横摇时，水从一舷流向另一舷，以产生抵抗横摇的稳定力矩。即水舱内水的流动方向永远与船的倾侧方向相反，水舱内水产生的力矩刚好与波浪的扰动力矩相抵消，达到最理想的减摇效果。

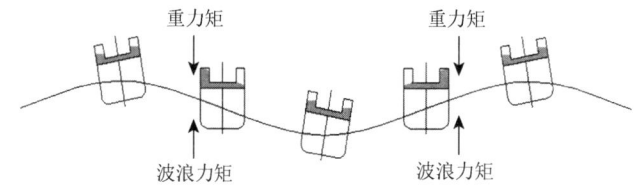

图 5-14　减摇水舱

第六节　操　纵　性

一、基本概念

船舶操纵性是指船舶保持既定航向和根据驾驶人员意图迅速改变航向的性能，是船舶的基本性能之一。

船舶操纵性主要反映在以下三个方面：船舶保持既定航向的能力称为航向稳定性；船舶在具有一定舵角后，船舶做圆弧运动的性能称为回转性；船舶在具有一定舵角后迅速转首或进入新航向的性能称为转首性（通常称为Z形操纵性）。

航向稳定性与回转性是相互矛盾的。航向稳定性好的船舶往往回转性差，反之亦然。因此，对于不同的船舶，其操纵性的要求是有差异的，如拖网渔船，要求有良好的航向稳定性，以利于在拖网作业时保持网形稳定。

航向稳定性与转首性是一致的，因为具有良好的转首性有助于迅速地校正航向，以保持既定航向。

回转性是船舶在一定舵角下做圆弧运动的能力，若圆弧运动处于稳定状态，则可称为定常回转。定常流动或稳定流动，是指流体的速度与压力不随时间变化。船舶在回转时，可认为船未运动而是流体在运动，当流体经过船体时，速度与压力不随时间变化，此时船舶的回转称为定常回转，其回转圆的大小，通常用定常回转直径表示，回转直径越小，则回转性越好。转首性和回转性在本质上是有区别的，转首性是指有了一定舵角后转首反应的快慢，有的船转首快，回转直径不一定小；有的船转首快，回转直径也小。

Z形操纵性：Z形操纵性是在航向稳定后，往返操左、右满舵时，船首航向能否迅速改变的性能。通常用船首航向改变量和完成改变量所需时间来表示。Z形操纵性对船在狭水道的避让、转弯及过滩有关，Z形操纵性好，才能保证安全航行。

二、回转原理

船舶的航向稳定性及回转性，通常是用舵来保证的。当舵的正中位置在舯纵剖面上时，若没有任何外界干扰，船舶应该直线航行。

如果船舶在航行中，它的舵由其正中位置偏转任意角度 α，由于舵叶上两面水压力不等，就产生一个垂直于舵叶的压力 N。将舵压力 N 向船舶重心 G 简化，得到一个回转力偶和两个分力，如图 5-15 所示。

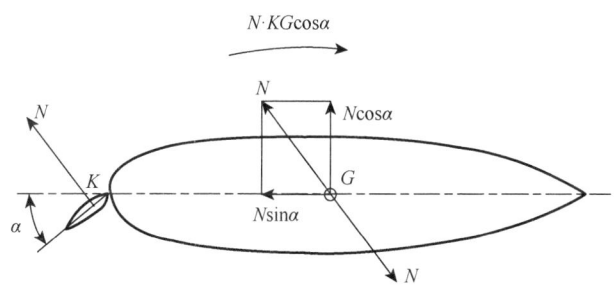

图 5-15 舵对船体的作用

（1）力偶（力偶矩为 $N·GK\cos\alpha$），使船由原定方向转往偏舵的方向。

（2）力 $F=N\sin\alpha$，使船速下降。

（3）力 $Q=N\cos\alpha$，使船横移。

在上述力偶和力的作用下，船进行回转，船舶重心将绘出一曲线的轨迹，其轨迹如图 5-16 所示。此轨迹为一圆周，称为回转圆。图中 β 角称为漂角。

回转圆对船舶驾驶很重要，特别是开始转舵起至航向改变至 90°的情况，对于紧急避让，船舶回转等提供了可靠依据。

回转圆可用下列参数表征。

1. 定常回转直径 D

在回转运动中，船舶进入定常阶段（或称为稳定阶段）后的直径即称为定常回转直径，满舵条件下的定常回转直径称为最小回转直径。

不同用途的船舶对定常回转直径的要求是不同的。为了保持航向，舵角经常在小角度内变化,因此希望在小舵角时具有较小的回转直径。对于内河船、港口船和狭水道中航行的船舶,希望在大舵角时具有较小的回转直径。

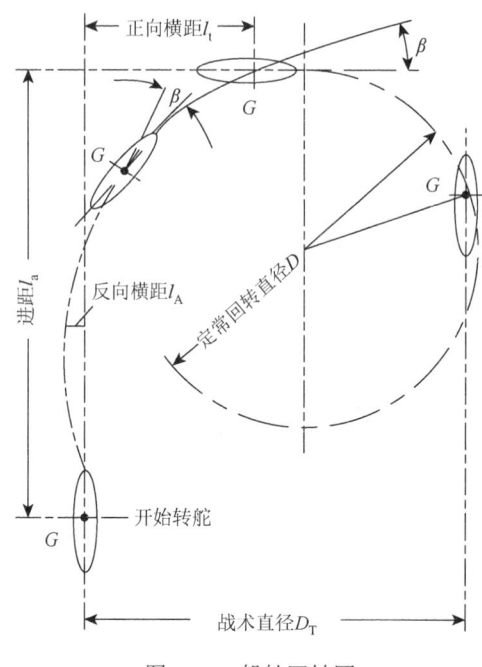

图 5-16 船舶回转圆

定常回转直径与船长的比值 D/L 称为相对回转直径。回转性良好的船 D/L 在 3 以下,回转性差的船约为 10,大多数船为 5~7。显然,D/L 越小,船就越容易回转。我国渔船的 D/L 为 1.9~3。

定常回转直径是与航速有关的,D 与回转初速的 1/4 次方成比例。回转初速越大,回转直径也就越大,但回转周期小,即船从初始直线航向回转 360°时所经过的时间间隔小。另外,一般来说,满载时的 D 比空载时大。

2. 战术直径 D_T

在回转运动中,船舶回转到 180°时,其重心距初始直线航线的横向距离称为战术直径:

$$D_T = (0.9 \sim 1.2)D$$

3. 进距 l_a

在回转运动中,自开始转舵起至航向改变 90°时,船舶重心的纵向前进距离称为进距 l_a。l_a 的大小可以用来表征船舶的转首性。进距越小,表示船舶对舵的反应快,即转首性好;l_a 大,船的转首性差。根据不同类型的船舶,进距大约在下述范围内变动:

$$l_a = (0.6 \sim 1.2)D$$

4. 反向横距 l_A

在回转初期,船舶重心离开初始直线航线向回转中心的反侧横移的最大距离称为反向横距。通常为

$$l_A = (0 \sim 0.1)D$$

l_A 一般不超过 1/2 船宽。

反向横距是一个很重要的操纵指数。例如，在两船相遇时，由于两船的距离很近，若两船同时操舵避碰，两船可能突然靠拢而发生碰撞，这是两船同时产生反向横距的结果。

5. 正向横距 l_t

自开始转舵时的航向至90°时重心的横移距离称为正向横距 l_t：

$$l_t = (0.5 \sim 0.6) D$$

6. 回转倾侧角 Φ

船舶在回转过程中，因为作用在船舶重心上的离心力 P 及加于船舶浸水部分的侧压力中心上的水阻力 R 形成了横倾力矩，使船向外倾侧，其倾侧角为

$$\Phi = 1.1 \frac{V_{s0}^2}{GM \cdot L} \left(Z_G - \frac{T}{2} \right) (°)$$

式中，Φ 为回转倾侧角（°）；V_{s0} 为回转初速（m/s）；GM 为船舶初稳性高（m）；T 为船舶吃水（m）；L 为船长（m）；Z_G 为重心高度（m）。

以上即为我国海船稳性规范中计算客船全速回航时的回转倾侧角公式。公式表明，高速船回转时倾侧角比低速船大得多。特别是在顺风顺浪航行的船满舵回转时，由于产生倾侧角再加上风和浪的作用，有可能使船舶处于危险状态。

三、回转试验

操纵性试验目的是测量船舶的回转圆，从而确定船舶回转时的各要素。试验方法很多，下面介绍两种常用方法。

（1）利用双标杆线测定回转直径：在垂直于海岸的垂线上立 C_1 与 C_2 两个标杆，在平行于海岸的某处树立一个方向标杆 B。使得 BC 垂直于 C_1C_2，如图5-17所示。船先在平行于 BC 的直线航行，然后操舵回转当到达双标杆时，测出双标杆与方向标杆 B 之间的夹角 γ_1。当船回转180°之后又重新与双标杆线重合时，再测出双标杆线与方向标杆的夹角 γ_2。根据两个夹角及 BC 间距 l 可以求出回转直径 D。

$$D = CA_2 - CA_1 = l(\cot\gamma_2 - \cot\gamma_1)$$

一般船舶 l 取 2～3n mile。

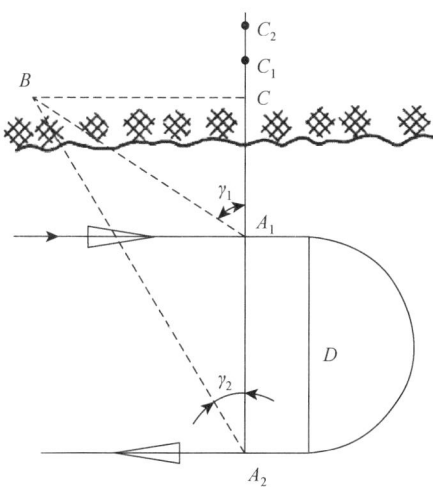

图5-17 利用双标杆线测定回转直径

（2）抛木块法：这是一种较为简单的方法，首先调整好航速及航向，然后转舵，如图 5-18 所示，待船进入回转稳定运动后在船首处抛下一木块于水中，当船尾经过水中这一木块时，再由船首处抛入第二块木块，以此类推，直至转完一周。由于艏、艉两处的距离已知，用抛木块的方法算出回转圈的圆周长度，即可得到回转直径 D。

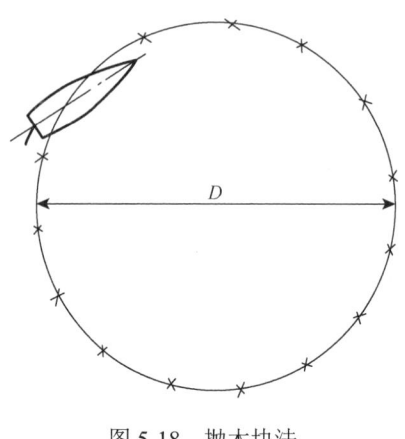

图 5-18　抛木块法

第七节　使用性能

一、载重量

渔业船舶的载重量是指其装载质量的能力，通常又分为总载重量和净载重量，单位为 t。

净载重量为船舶所载运的货物、旅客及其行李等用以赢利的重量，对于渔船则为其装载的渔获物的重量。

总载重量为净载重量加上燃料、淡水、粮食、船员及其行李、网具以及备品等重量，即满载排水量与空船排水量的差额。

二、吨位

吨位是表示船舶围蔽处所容积的指标，通常作为验船、停泊、引水等交费以及营运纳税的依据，以 $2.832m^3$（即 $100ft^3$）为一吨位，因此它与载重量的单位，即标志质量的吨，在概念上是不同的。通常把吨位分为总吨位与净吨位。

1969 年，《国际船舶吨位丈量公约》规定总吨位等于 $(0.2+0.02 \lg V)V$，其中 V 为船舶所有围蔽处所的总容积，以 m^3 计，但苏伊士运河船舶吨位丈量规则仍规定 $2.832m^3$ 为一总吨。

净吨位为总吨位减除不赢利的容积（如机舱、航海工作室以及船员生活舱室等）所剩的用以赢利的容积。

三、航速

航速是指船舶航行的速度，以 kn 计，1kn=1n mile/h=1.852km/h=0.514 444m/s。

四、续航力

续航力是指船舶以一定的速度航行,在中途不添加燃料、淡水、食品以及备品的情况下所能到达的最远距离,以海里计。

五、适居性

适居性即船舶的居住条件,生活上的设备适合起居的舒适程度。

六、坚固性

坚固性是指船舶在所航行的海区内,船体具有足够的强度,又不耗费过多的材料而导致船体重量的增加。

渔业船舶在表征其使用性能时,除上述六方面之外,尚有如下一些技术特征参数,以表征其进行渔业生产的能力。

(1) 作业半径:渔船出航后,中途不添加燃料、淡水、食品以及备品等情况下,到达作业渔场进行捕捞作业后,且在保证渔获物质量的条件下返回基地港;在保证上述条件的情况下,从基地港至作业渔场的最大距离称为作业半径。

(2) 自持力:渔船出航后,中途不添加燃料、淡水、食品以及备品等情况下,能在海上航行与作业且能保证渔获物质量所能维持的最多天数。

(3) 渔获物处理能力:指有渔获加工(包括冻结、鱼粉、鱼油、鱼糜、罐头等加工)设备的船,每天能加工处理渔获物的数量。

(4) 渔捞周期指渔船出航并抵达渔场进行作业,然后返回基地港,卸下渔获后再装载燃料、淡水、食品以及备品等物资达到可以再次出航进行捕捞作业状态时的天数。因此,这个周期包括由基地港至作业渔场所需的航行天数,转移渔场及避风在内的作业天数,由渔场返航至基地港所需天数以及卸下渔获、装载燃油、淡水、食品等备品所需天数。渔捞周期有时也称为渔船航次周期,或简称"航次天数"。

思 考 题

1. 渔业船舶的航行性能有哪些?
2. 渔业船舶的使用性能有哪些?
3. 什么是船舶的稳性?
4. 提高船舶稳性的措施有哪些?
5. 检验渔业船舶稳性的方法有哪些?
6. 渔业船舶上应用的推进器主要有哪几种?
7. 船舶常用的减摇装置有哪些?

第六章　渔业船舶轮机

第一节　渔业船舶轮机概述

一、轮机的含义

船舶动力装置俗称轮机，是指船舶为获得推进机械能、电能和热能而配置的机械设备的有机组合体，以保证船舶正常航行，完成各种作业、停泊，保障船舶生命力，保证船上人员正常生活及安全的所有机械设备和系统的总称。

船舶动力装置是船舶安全航行和正常作业，以及保证船员正常生活和防止水域污染的重要组成部分，渔船轮机就是为渔业船舶推进和其他相关设备需要提供机械能、电能和热能的所有机械装置的总称。

为完成相应的工作要求，船舶动力装置通常包括船舶推进装置、船舶辅助装置、船舶管路系统、船舶甲板机械和轮机自动化等五个部分。根据船舶种类的不同，船舶动力装置的组成有不同的内容、设备和要求。

二、船舶动力装置的类型

船舶动力装置中，船舶推进装置用以推动船舶前进，船舶辅助装置和船舶管路系统等主要为船舶推进装置服务，船舶推进装置中的主机提供了最主要的能源供应，因此一般按主机的类型对船舶动力装置进行分类，选用不同类型的主机，便形成了不同类型的船舶动力装置。

随着船舶动力的发展，包括蒸汽机、柴油机、燃气轮机等热力机械作为船舶主机，应用于不同类型的船舶上，便形成有蒸汽动力装置、柴油机动力装置、燃气轮机动力装置、核动力装置和联合动力装置等常见的船舶动力装置类型。

1. 蒸汽动力装置

蒸汽动力装置是以往复蒸汽机或汽轮机为主机的动力装置。利用锅炉所产生的蒸汽来工作的机器称为蒸汽机。蒸汽机分为往复蒸汽机和汽轮机两种。往复蒸汽机利用蒸汽的压力来推动活塞做往复运动，再通过连杆将活塞的往复运动变为曲轴的回转运动。汽轮机俗称透平机，用蒸汽的能量驱动叶轮回转转动。由于蒸汽机热效率低下，质量大，占舱容多，现代船舶已不采用蒸汽机作为主机。蒸汽动力装置的工作原理，如图6-1所示。

2. 柴油机动力装置

利用燃料直接在机器内部燃烧产生的燃气来工作的机器称为内燃机。根据所用燃料的不同，内燃机分为煤气机、汽油机和柴油机等。采用柴油机作为主机的动力装置称为柴油机动力装置。其特点是体积小，质量小，功率范围广。目前，机动渔船几乎全部采用以柴油机为主机的内燃动力装置，如图6-2所示。

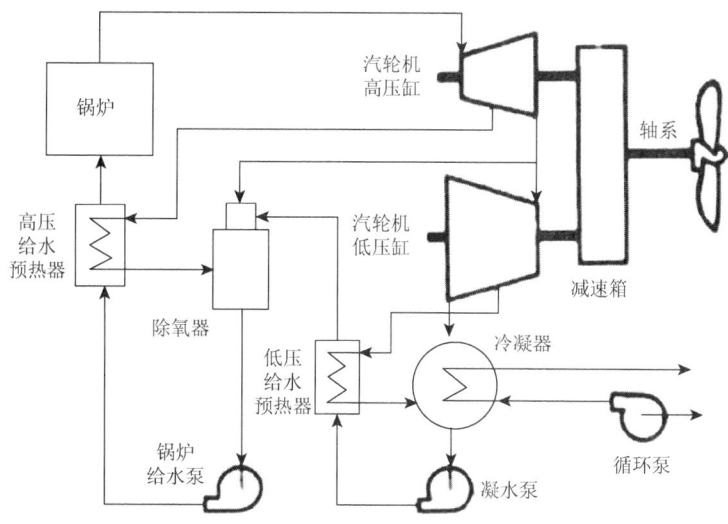

图 6-1 蒸汽动力装置工作原理

图 6-2 柴油机动力装置

根据船舶推进动力大小不同，船舶可以选择 1 台柴油机单独驱动或多台柴油机共同驱动船舶，安装的位置也可以不同，常见的柴油机动力装置有单机单桨型式（图 6-3）、多机单桨型式（图 6-4）和多机多桨型式（图 6-5）。

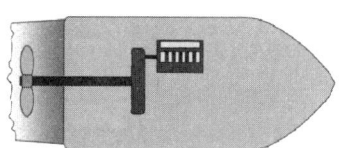

图 6-3 单机单桨柴油机动力装置

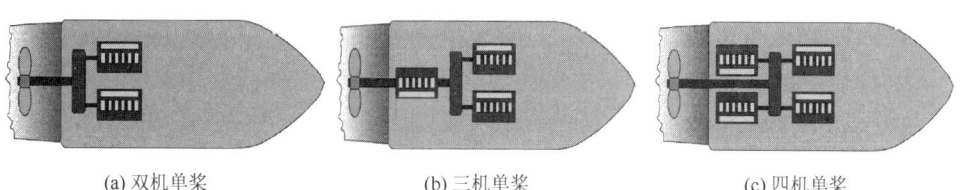

(a) 双机单桨　　　　(b) 三机单桨　　　　(c) 四机单桨

图 6-4 多机单桨柴油机动力装置

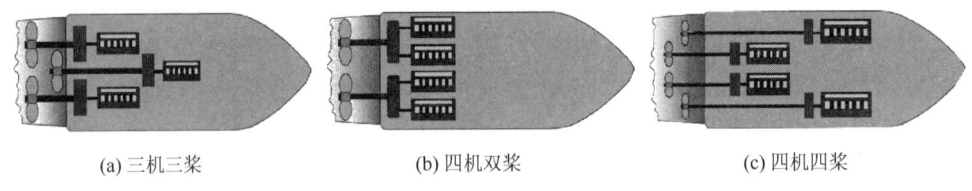

(a) 三机三桨　　　　　(b) 四机双桨　　　　　(c) 四机四桨

图 6-5　多机多桨柴油机动力装置

对于渔船动力装置，由于渔船机舱空间较小，吃水较浅，部分多桨船螺旋桨会采用倾斜布置或偏斜布置，如图 6-6 所示。

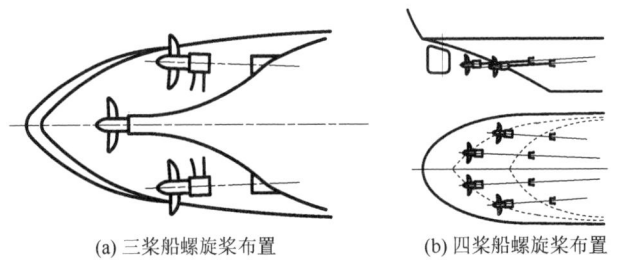

(a) 三桨船螺旋桨布置　　　　　(b) 四桨船螺旋桨布置

图 6-6　多桨船柴油机动力装置

3. 燃气轮机动力装置

利用燃料燃烧所产生的燃气推动叶轮回转的机器称为燃气轮机。采用燃气轮机作为主机的动力装置称为燃气轮机动力装置。燃气轮机功率大，耗油率高，目前主要在特殊动力装置中（如军事舰艇）使用。燃气轮机动力装置工作原理如图 6-7 所示。

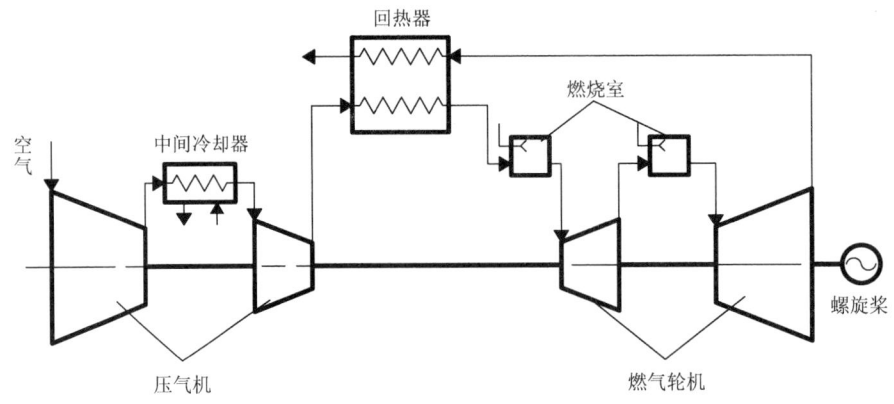

图 6-7　燃气轮机动力装置工作原理

4. 核动力装置

核动力装置是用核燃料在原子反应堆所发出的热能产生蒸汽，用蒸汽带动汽轮机工作。按主机型式分类，它也属于汽轮机动力装置。但产生蒸汽的能源不同，为了突出核燃料原子反应堆装置，所以称为核动力装置。其特点是功率大，续航力强，不需空气助燃，现多用于军事舰艇，如航空母舰/潜艇等。核动力装置工作原理如图 6-8 所示。

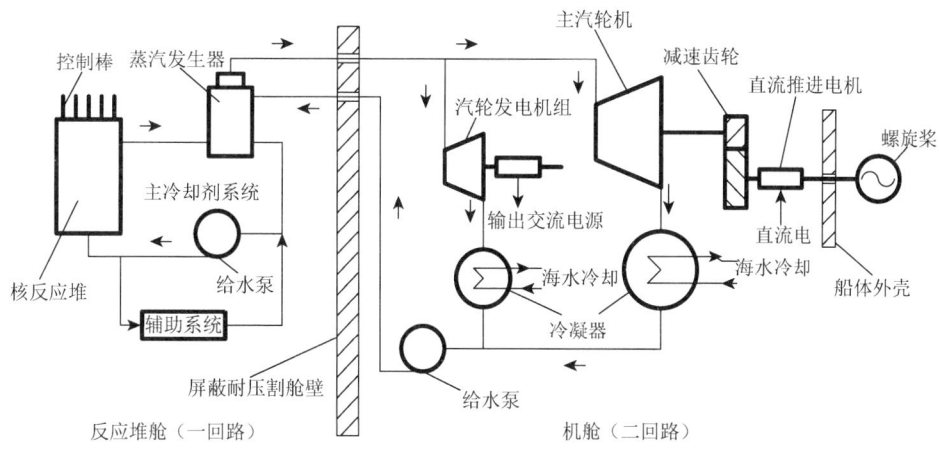

图 6-8 核动力装置工作原理

5. 联合动力装置

采用多个相同或不同形式的动力机械共同驱动一个或多个推进器驱动船舶前进的动力装置称为联合动力装置。联合动力装置可以单独、部分或共同工作，以获得更大的推进力和分别适应不同的工况。常见的有柴油机-柴油机联合动力装置、柴油机-燃气轮机联合动力装置、蒸汽-燃气联合动力装置等，图 6-9 所示为蒸汽-燃气联合动力装置工作原理。

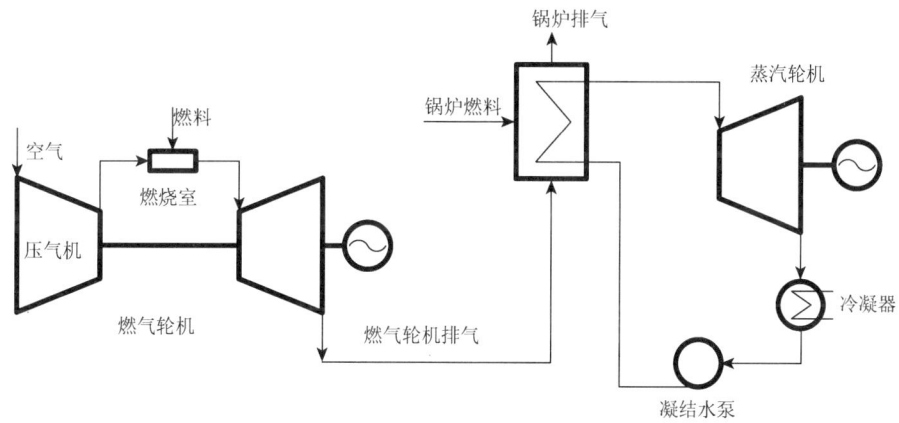

图 6-9 蒸汽-燃气联合动力装置工作原理

柴油机是一种往复式内燃机，采用轻柴油或劣质柴油做燃料，在气缸内与空气混合形成可燃混合气，缸内燃烧采用压燃式发火，这些特点使柴油机在热机中具有最高的热效率，因而在工程界应用十分广泛，在船用主机中，柴油机占有绝对的优势，目前，在船舶装机功率中，柴油机动力装置占 90% 以上，在船舶装机数量上，柴油机动力装置占 98% 以上。渔船 100% 采用柴油机动力装置。

三、船舶动力装置的组成

根据船舶种类和作业的不同，船舶动力装置有不同的组成内容、设备和要求，但通常包括以下五个部分：船舶推进装置、船舶辅助装置、船舶管路系统、船舶甲板机械和船舶轮机自动化。

1. 船舶推进装置

船舶推进装置是提供渔船航行动力的整套设备,它决定船舶动力装置的主要特征和性能。船舶推进装置的任务是把主机功率(扭矩)通过轴系、推进器转变为推进力,并把推进力的反作用力通过轴系传递给船体,推动船舶前进。

通常,船舶推进装置包括主机、传动设备、轴系、推进器以及为主机服务的各种泵和换热器等,产生推进船舶的动力。船舶推进装置是渔船动力装置中最主要的部分,通常又称为船舶主动力装置,如图6-10所示。

图 6-10　船舶推进装置

船舶推进装置主要包括如下设备。

(1)船舶主机:主机是指产生推进动力的原动机。机动渔船几乎全部采用柴油机作为主机。

(2)传动设备:传动设备是指主机和轴系之间的连接设备,主要包括减速、离合等功能,以实现动力装置适应不同工况的要求。

(3)船舶轴系:船舶轴系的作用是将主机功率传递给推进器,并将螺旋桨的推力传递给船体。由传动轴(推力轴、中间轴、艉轴、螺旋桨轴)、轴承(推力轴承、中间轴承、艉轴承)、联轴器、密封件等部件组成。

(4)推进器:推进器是将主机的功率转换为渔船推动力的装置。渔船推进器基本上都采用螺旋桨。

2. 船舶辅助装置

船舶辅助装置又称辅助能量装置,是用以产生除推进能量之外的船上所需其他各种能量的装置或设备,以及其他承担特定任务的机械设备,主要包括如下装置和设备。

(1)船舶电站:用来产生和供给全船所需电能,是船舶电力系统的组成部分。按其功用,船舶电站可分为主电站和应急电站两种,各由相应的发电机组、配电板及其他电气设备组成,保证船舶在正常情况和应急情况时的供电需要。发电机组由发电机和带动它的原动机组成,主要有柴油发电机组、主机轴带发电机组和余热发电机组等。

在小型渔船上也有用辅助柴油机直接驱动其他机械的,如锚机、制冷压缩机和泵等。在电力推进的船舶上,主机直接带动主电站发电机工作,提供推进动力和船用电力能量。

(2)辅助锅炉装置:用来产生低压蒸汽和热水,以满足全船加热、取暖、水产品加工以及其他工作、生活所需的热能。主要由辅助锅炉、废气锅炉以及为它们服务的管路系统和设备等组成。

（3）空气压缩机：简称空压机，用来产生压缩空气，为空气瓶充气，以供主、副柴油机启动、鸣笛和吹洗及驱动气动工具和仪表等用途。

（4）制冷设备：渔船制冷设备主要用来产生冷气，以降低鱼舱温度和冻结鱼货，包括为食品冷库提供冷气。

（5）防污染设备：渔船防污染设备主要是指油水分离装置、污水处理装置等，以分离舱底水中的油分，使之达到排放标准。

3. 船舶管路系统

船舶管路系统简称船舶管系，用来专门输送各船舶设备工作所需的液态、气态等工作介质，包括为保证推进装置和辅助装置正常运行的动力管路系统（简称动力管系）和为全船正常航行及生活服务的船舶管路系统（简称船舶系统）。管路系统通常由管路、泵、容器、阀门、仪表及其他附件组成。

4. 船舶甲板机械

船舶甲板机械又称船舶设备，系指保证渔船航行、停泊、起放网具以及装卸渔获、物资作业及安全所需的设备。包括锚泊设备、系泊设备、操舵设备、渔捞设备、起重设备、救生设备、舷梯、减摇装置等。此外，其他特种船舶各自相应的专用设备，也属于甲板机械。

所有甲板机械对于船舶的营运性能和航行安全都有十分重要的意义，像主动力装置一样，甲板机械亦在朝着自动化方向发展。

5. 船舶轮机自动化

船舶轮机自动化又称机舱自动化，或自动化设备，其功用主要是保证实现主、辅机及其他机械设备远距离操纵与集中控制。主要有自动控制与调节系统，自动操纵系统，集中检测、报警系统等，包括轮机监控和轮机遥控两大部分。

轮机自动化不仅可以简化轮机管理工作，减少机舱管理人员，改善机舱工作条件，还可以提高机械设备运转性能，减少人为操作失误。

随着国际贸易的发展和造船技术的不断提高，以及机电设备和装卸机械的日渐改进，当前世界海上运输船舶正向大型化、专用化和自动化的方向发展。从20世纪60年代开始，各国相继发展了自动化船舶，出现了无人机舱。至70年代初，轮机自动化的内容还只局限于机舱自动化，现在随着电子技术的发展和计算机技术在船上的应用，已开始了自动导航、机舱遥控、装卸作业、报务甚至机器故障自动诊断等的全面自动化，即"超自动化"，并发展成为全船集中遥控。

四、船舶动力装置的发展

船舶动力装置经历了不同的发展过程，主要体现在推进动力和推进器的发展，当今社会已进入知识经济时代，船舶动力装置正朝着大型化、专门化、节能化和自动化方向发展，信息化、智能化、网络化、船岸一体化将是未来船舶自动化的发展方向。

同时，随着节能减排和环境保护要求的不断提高，船舶动力装置也不断向完善增压技术，降低燃油消耗，共轨电喷技术，混合动力技术，清洁能源技术，电力推进技术，采用新技术、新材料、新工艺，提高主机可靠性的方向发展。除进一步加强对废气、余热的利用，开发成熟的发动机联合循环装置、热电联供装置等节能设备外，还将在新能源的开发和利用方面积极拓展。

第二节　渔业船舶用柴油机

一、船舶柴油机的分类

柴油机具有功率范围广、热效率高等特点，其应用十分广泛，不同的用途对柴油机有不同的要求，因此柴油机种类繁多，性能差异较大。按照不同的标准、不同的使用场合和目的，船舶柴油机有不同的分类，常用的分类方法如下。

1. 按柴油机工作循环分
（1）二冲程柴油机。
（2）四冲程柴油机。

2. 按柴油机结构特点分
（1）筒式（箱式）柴油机。
（2）十字头式柴油机。

3. 按柴油机转速或活塞平均运动速度分
（1）低速柴油机：$n \leqslant 300$r/min 或 $C_m \leqslant 6$m/s。
（2）中速柴油机：300r/min$< n \leqslant 1000$r/min 或 6m/s$< C_m \leqslant 9$m/s。
（3）高速柴油机：$n > 1000$r/min 或 $C_m > 9$m/s。
其中，n 为柴油机转速；C_m 为活塞平均运动速度。

4. 按柴油机转向分
（1）左旋柴油机，右旋柴油机。
（2）可反转柴油机，不可反转柴油机。

5. 按柴油机气缸排列分
（1）直列式柴油机。
（2）V 型柴油机。
（3）星型柴油机，等等。

6. 按柴油机气缸数分
（1）单缸柴油机。
（2）多缸柴油机。

7. 按柴油机进气压力分
（1）增压柴油机。
（2）非增压柴油机。

二、船用柴油机的特点

船舶要求在风浪等恶劣环境中安全和正常地航行，因此船用柴油机和陆用柴油机有很大的不同，船用柴油机的设计、制造及试验应符合相关规范和标准要求。

1. 船用柴油机功率的确定和使用

船用柴油机铭牌应标注 1h 功率和持续功率及相应的转速（铭牌上标注的功率亦称标定功率）。船用柴油机的持续功率即为额定功率，是在标准大气状态下长期连续运转的最大有效输出功率，其对应的转速为额定转速。船舶主机应有 110%额定功率连续运转 1h 的工作能力，用于带动发电机（组）的柴油机应有 110%额定功率连续运转 15min 的能力。由于标定功率为标准状态下的最大功率，使用时应注意实际环境条件对功率的影响和修正。

渔船作业时，其作业方式不同，工况状态变化较大，所需要的推进力和航行速度变化较大，对渔船用柴油机的运行稳定性要求较高，通常主机的最低稳定转速，一般低速机小于等于 30%额定转速，中速机小于等于 40%额定转速，高速机小于等于 45%额定转速。

2. 船用柴油机操纵的安全性和可靠性

对可反转柴油主机换向时间小于等于 15s，操纵台应有正倒车操作指示，主机操纵台应设有有效的应急停车装置。

船用柴油机应配置可靠的盘车装置，盘车装置与起动装置之间应有安全连锁装置。

船用柴油机要求装设转速表及其他相应测量仪表，以保证柴油机安全可靠地工作于转速禁区外。同时应装设超速保护装置，防止柴油机发生飞车事故。

3. 船用柴油机基座应有足够的刚度

船舶在风浪中航行作业，颠簸摇摆，要求柴油机基座可靠地安装，工作时其变形量不超过船检规范的要求。

4. 船用柴油机的管路系统

船用柴油机燃油管路应可靠固定，滑油系统应配置故障声光报警装置，冷却系统应配置故障高温报警装置。

5. 船用柴油机应配置相应符合要求的起动装置

船用柴油机起动应迅速可靠。空气起动系统至少应配备 2 个起动用空气瓶，其容量应满足不充气的情况下，可换向柴油机连续起动不少于 12 次，不可换向柴油机连续起动不少于 6 次；电力起动系统至少应配备 2 组非并联的独立蓄电池组，其容量应满足不充电的情况下，可换向柴油机连续起动不少于 12 次，不可换向柴油机连续起动不少于 6 次。

三、船舶主机安装要求

1. 主机安装前

主机安装前，要求对安装位置和安装工艺进行严格审查，符合机舱和轴系布置位置、工艺和材料的要求。

2. 主机安装中

按照图纸和工艺要求定位，确保船舶基座有足够的刚度。

采用螺栓或螺栓及止推板等方法，或按照船检部门认可的方法，可靠地固定在船舶基座上。

当仅采用螺栓固定时，其紧配螺栓的数量应不少于螺栓总数的 15%，紧配螺栓处的垫片应为整块拂配垫片；当采用浇注型环氧树脂垫片安装时，其材料配方和浇注工艺应经船检部门认可。

3. 主机安装后

主机安装完成后，应仔细检查，测量曲臂差值符合产品规范要求，并盘车试验，应轻松自然，受力均匀，运转自如。

四、发电机组柴油机的安装要求

根据船检部门验船要求,船舶柴油机安装有统一的规定和规范,因此发电机组柴油机的安装与柴油主机的安装基本相同。

目前,大部分柴油发电机组的柴油机和发电机安装在同一基座上整机供应,可以将柴油发电机组按要求整体安装。对于非整机供应的发电机组,安装前需要事先配置一个共同基座,且在基座上完成对中安装,再整机安装于船舶机舱。

第三节 汽油机与舷外挂机的安装要求

通常,汽油挂机与柴油挂机(桨)广泛应用于内河、玻璃钢、海洋木质及小型钢质的渔业船舶,其推进动力装置为非座机安装型式。

一、汽油挂机船舶

汽油挂机是指汽油机、传动装置和螺旋桨连成一体,安装在船舶艉封板外的推进装置。汽油挂机安装时有如下要求。

(1)汽油挂机应可靠地固定在船舶艉封板上,其操纵电缆和燃油软管的开口应能有效地密封,发动机的围井应有足够的尺寸,以便汽油挂机能左右上下摆动,船舶上的索具不应影响汽油挂机的正常工作。

(2)汽油箱应耐酸,且有足够的强度,其耐压应满足 0.04MPa 的要求。汽油箱应无任何泄露,有效固定并安装电气接地装置。

(3)汽油软管应为耐油橡胶软管,60℃ 时的破裂压力不小于 0.5MPa 并固定安装,安装完工后的密性试验压力为 0.02MPa。

汽油挂机安装完毕后,应按照船检部门认可的试验大纲进行系泊试验和航行试验。

二、柴油挂机(桨)船舶

柴油挂机是指将柴油机置于船尾甲板上,传动系统、螺旋桨连成一体挂在船尾的小型推进装置。柴油挂桨是指柴油机、传动装置和螺旋桨连成一体,安装在船舶艉封板外的推进装置。柴油挂机(桨)安装时有如下要求。

(1)柴油机及其他设备的布置,便于操纵、维护、检修。机械设备结构牢固,与船体可靠固定。飞轮、链条、皮带等运动件应设栏杆或防护罩。机器处所地板应有防滑措施。航行激流航段船舶应安装两台或以上挂桨(机)。

(2)柴油机与挂桨间的传动采用三角皮带时,其松紧适度,不打滑。检查螺旋桨外部,无裂纹、气孔、疏松、夹渣、浇铸不足等,或弯曲、漏焊等。螺旋桨紧固螺母与正车反向螺纹,并有防松装置。油门、档位、离合器、舵等操作灵活、可靠。倒车可靠、正常。

(3)挂机(桨)机座应有足够的刚性,螺旋桨轴线与空载水线面的距离应不小于 $0.7D$(D 为螺旋桨直径),轴管与水平面保持垂直,轴管中心线和螺旋桨轴线平面应与船舶艏纵剖面基本重合,渔捞设备不影响挂机(桨)正常工作,挂机(桨)安装位置应保证左右对称。

柴油挂机（桨）安装完毕后，应按照船检部门认可的试验大纲进行系泊试验和航行试验。

第四节　轴系与螺旋桨

船舶推进装置是船舶动力装置的基本和重要组成部分，大多数船舶均采用螺旋桨作为船舶推进器，在这样的推进装置中，传动轴系和中间传动设备，共同完成主机至螺旋桨的动力和推力的传递作用。

一、轴系的结构

1. 船舶轴系的任务、组成

船舶轴系的主要任务是将主机的功率传给螺旋桨，同时将螺旋桨所产生的推力传给船体，以实现推进船舶的使命。

2. 船舶轴系的工作条件

轴系长期位于水线以下，受力复杂；同时还受到船体变形、装载变化等影响，磨擦部位易产生发热、剧烈磨损，甚至发生断裂故障等。

3. 船舶轴系的要求

根据船舶轴系的工作条件，轴系应满足以下要求。

（1）工作可靠且有较长的使用寿命。
（2）轴系的各传动轴及支承部件均应有足够的强度和刚度。
（3）尽量采用标准化结构。
（4）传动损失小。
（5）良好的抗振性能。
（6）船体变形的敏感性小。
（7）良好的隔仓密封性。
（8）在满足有关规范的前提下，质量要小，尺寸要小。

4. 船舶推进装置的型式

根据主机动力传递方式的不同，船舶推进装置可以分为以下几种型式：①直接传动推进装置；②间接传动推进装置；③电力传动推进装置；④可调桨传动推进装置；⑤特殊传动推进装置。

1）直接传动推进装置

直接传动推进装置是主机动力直接通过轴系传递给螺旋桨的传动方式，称为直接传动推进装置。在直接传动推进装置中，主机和轴系、螺旋桨之间没有其他的传动设备和机构，运转中螺旋桨与主机始终保持相同的转速和转向，如图6-11所示。

直接传动推进装置结构简单、工作可靠、传动效率高、经济性好、工作寿命长、维护管理方便、振动噪声小，但主机高速运转时螺旋桨效率较低；另外，使用定距桨驱动，必须使用可倒转柴油机，通常在大型低速柴油机场合使用。

2）间接传动推进装置

在主机和轴系之间设有减速齿轮箱和离合器等中间传动环节的推进方式，称为间接传动推进装置。减速齿轮箱是应用最广泛的中间设备，减速齿轮箱和离合器可以单独使用，也可以共同使用。传动设备可实现传递功率、减速、倒顺车和离合等功能，如图 6-12 所示。

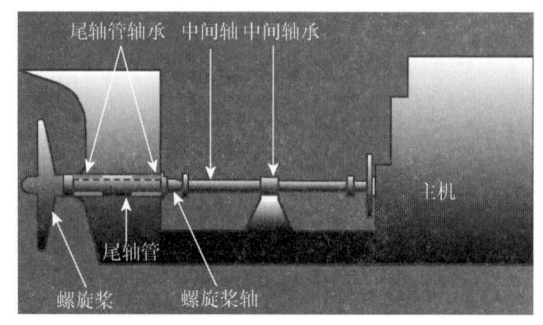

图 6-11　直接传动推进装置

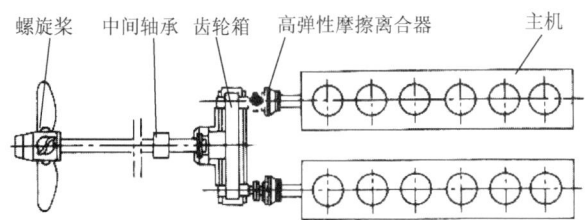

图 6-12　间接传动推进装置

间接传动装置主机不受螺旋桨低速限制，可使用非倒转柴油机，轴系布置灵活，可以实现多机并车、轴带发电等，但间接传动结构复杂，可靠性较低，传动效率较低。

3）电力传动推进装置

电力传动推进装置是由推进电动机直接与螺旋桨相连，或通过减速齿轮箱后与螺旋桨相连传递动力的传动方式。主机用于带动主发电机，发出电力驱动推进电动机，如图 6-13 所示。

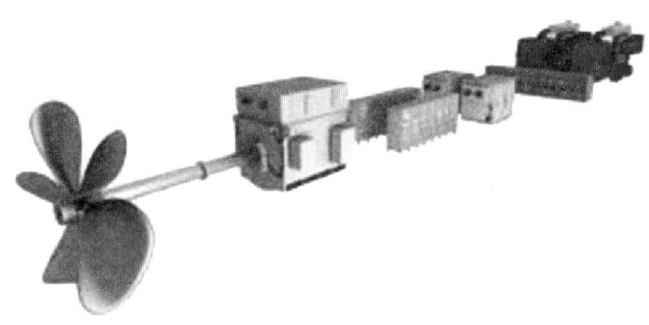

图 6-13　电力传动推进装置

电力传动有许多优越性，主机转速不受螺旋桨转速限制，且始终保持恒速，螺旋桨转速和转向调节操作迅速、简便灵活，能够适应不同的工况，主机与螺旋桨没有机械连接,机舱布置方便,船舶不需要另设发电机,船舶停航时电力可供其他用途。当然,电力传动存在两次能量转变,传动效率较低,能量损失较大,常用于工程船舶和特种船舶上。

4)可调桨传动推进装置

采用可调螺距螺旋桨作为推进器的传动形式,如图6-14所示。

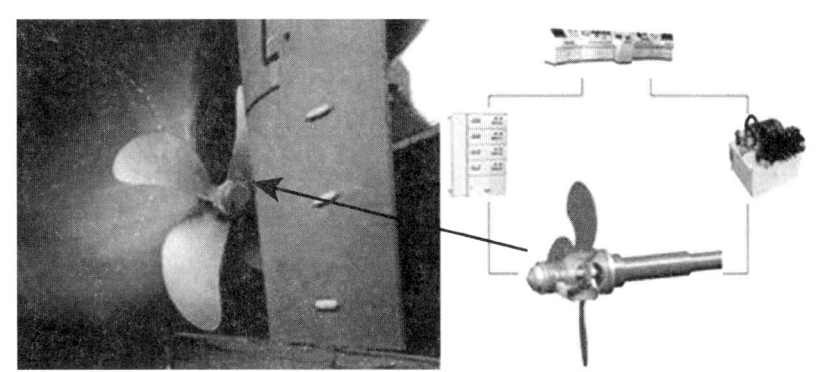

图6-14 可调桨传动推进装置

由于可调桨的螺距可调,推进装置可适应各种工况,可提高船舶的适航性,改善船舶的操纵性,提高船舶的机动性和船舶的经济性,简化主机结构,实现主机轴带发电机,延长主机工作寿命等;同时,易实现轮机自动化和无人机舱。当然,可调桨结构复杂,成本高,维护保养困难。

5)特殊传动推进装置

Z型传动又称悬挂式螺旋桨传动,或非直线传动,即柴油主机通过两个锥形齿轮副和中间轴将动力传递给不在主机输出轴线上的螺旋桨,如图6-15所示。

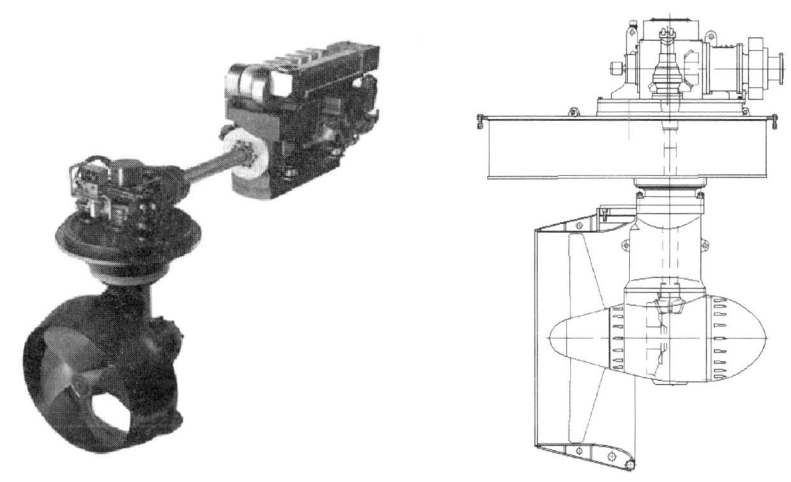

图6-15 Z型传动推进装置

Z型传动中螺旋桨轴可以实现360°旋转,无需舵机装置,操作灵活方便。

Z型传动常用于小型船舶的挂机(桨)装置中,图6-16所示为舷外挂桨推进装置。

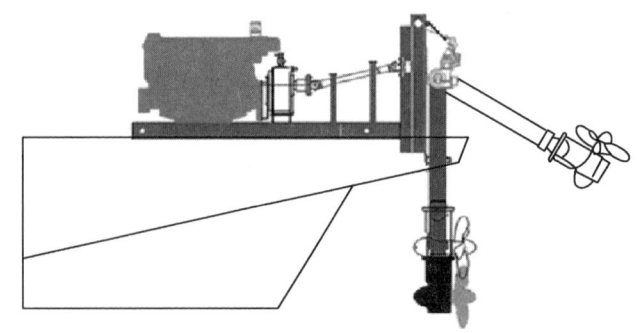

图 6-16 舷外挂桨推进装置

喷水推进系统主要是利用高速向后喷射水流的反作用力推动船舶前进,该推进系统结构简单,工作可靠(吸水管、水泵、喷水管),主要用于浅吃水区域,如图 6-17 所示。

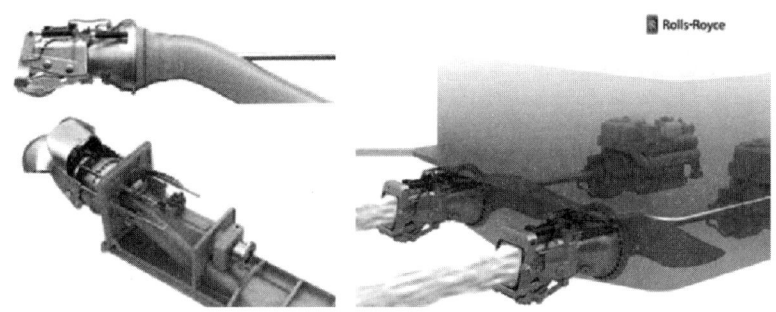

图 6-17 喷水推进系统

浅水推进系统主要应用于浅水水域,为保持螺旋桨有足够的吃水深度,通常将主机倾斜布置于机舱,如图 6-18 所示。

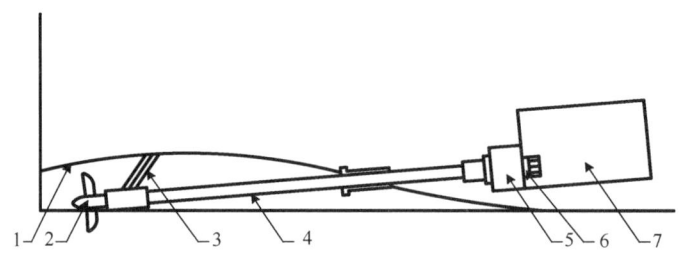

图 6-18 浅水推进系统

1. 船舶尾板结构;2. 螺旋桨;3. 美人架;4. 螺旋桨轴;5. 减速齿轮箱;6. 主机输出轴;7. 船舶主机

5. 船舶轴系的组成

轴系主要包括用来传递主机功率的传动轴(推力轴、中间轴、艉轴、螺旋桨轴),连接轴与轴的联轴器,支承传动轴用的轴承(推力轴承、中间轴承、艉轴承),以及制动装置、离合变速装置、防漏装置、隔舱填料函等其他附件等。

1)推力轴和推力轴承

推力轴和推力轴承的功用是将主机的扭矩传递给相邻的中间轴,同时将中间轴传递来的螺旋桨推力传递给船体，并对轴系进行轴向定位。在直接传动装置中，推力轴与主机飞轮端直接连接，在间接传动装置中，推力轴与减速齿轮箱的主齿轮输出轴相连接。

推力轴是一根两端带有连接法兰的短轴，它的中部有一个与其整体锻造加工的盘状法兰，又称推力环，推力环的两侧由推力轴承的径向轴承支承，前端承受正车推力，后端承受倒车推力。推力轴承座安装在传播双层底上，这样，螺旋桨推力便可通过推力环、推力块、推力轴承座传递给船体。

2）中间轴和中间轴承

中间轴主要用于连接推力轴和艉轴，并进行扭矩及推力的传递。中间轴的长度和轴段数量取决于主机的布置位置和主机与螺旋桨之间的距离，中部机舱船舶中间轴较长，艉部机舱船舶中间轴较短。每段中间轴的两端有整锻法兰或可拆卸联轴器，与其他轴段相连，靠近一端法兰长度20%处设有工作轴颈，与中间轴承配合工作。

中间轴在工作中受力复杂，承受较大的拉、压和扭转、弯曲应力，如果出现负荷过大、边缘负荷、润滑不良等情况，容易产生工作轴颈过度磨损和偏磨，因此要求其材料具有足够的强度，较高的韧性和良好的耐磨性。

传动轴的轴颈与船级、航区、用途等特殊要求有关，其规格应符合相关国家或地区船舶建造规范的要求。

中间轴承为中间轴的支承点，主要承受中间轴的重量和运转时产生的径向负荷，减小挠度，保持正确的轴线。中间轴承根据其基本结构和润滑方式不同，分为滑动轴承和滚动轴承两种。目前渔船轴系大多数采用滑动式中间轴承，轴颈与轴承中的白合金轴瓦相接触，通过油盘或油环实现飞溅润滑。

3）艉轴（螺旋桨轴）和艉轴管

螺旋桨轴的舷外一端，安装有螺旋桨，是轴系的最末一段，大多数渔船，特别是单轴系渔船螺旋桨紧靠船尾，螺旋桨轴直接穿过艉轴管，故也称作艉轴。艉轴前端整锻法兰，与中间轴尾端相连，并穿过艉轴管而伸出船外，艉轴后端制成锥形，安装螺旋桨，艉端部有与轴系转向相反的螺纹，并安装锁紧螺母，用来固定螺旋桨。也有部分艉轴安装时从船体外侧向船体内侧安装，该结构的艉轴前端也应该制成锥形，供安装可拆卸式联轴节。

艉轴由于受力较大，通常设有艏、艉两处支承，支承处称为工作轴颈，工作轴颈之间的部分称为轴干。

整体艉轴管装置通常包括艉轴管本体、艉轴承、密封装置、润滑与冷却系统。

艉轴管有整体式和连接式两种，整体式艉轴管主要用于单轴系渔船上，直接穿过船体，连接式艉轴管常用于多轴系渔船，通过法兰固定于船尾艉轴架上。

在艉轴管内设有艉轴承，以支承艉轴和螺旋桨的重量，并吸收螺旋桨引起和产生的径向振动。艉轴承根据使用材料的不同和润滑形式的不同，有铁梨木式、层压板式、白合金式等形式，在部分小型船舶上，橡胶艉轴承也有使用。

白合金艉轴承通常采用润滑油润滑，其他形式的艉轴承均直接采用海水润滑。油润滑的艉轴管通过压力供油或重力供油的方式向艉轴管中的艉轴承提供滑油，为保证滑油的清洁和稳定，要求艉轴管的首部和尾部有严格的密封装置，防止滑油泄漏进入机舱或污染海域。水润滑的艉轴管只设有首密封，没有尾密封，海水直接从艉部进入艉轴管，润滑艉轴承，并对艉轴承起到冷却作用，艉轴管首密封主要防止大量海水渗漏到机舱，因此在停车时要求艉密封完全旋死,以保证水密,而在工作时稍微旋松密封,保持海水能完全进入艉轴管。

对轴承长度(宽度)的要求,通常是对于水润滑的艉轴管轴承,艉轴管艉轴承 $L \geqslant 4D$,艉轴管艏轴承 $L \geqslant 1.5D$,对于油润滑艉轴管轴承,艉轴管艉轴承 $L \geqslant 2D$,艉轴管艏轴承 $L \geqslant 0.9D$。

艉轴管密封装置工作条件恶劣,不仅受到剧烈磨损和摩擦产生的高温作用、安装间隙产生的径向跳动、轴向间隙引起的轴向窜动,还受到海水腐蚀、螺旋桨重量引起的悬臂载荷和轴系振动带来的影响。艉轴密封装置处在水线以下,一旦发生故障将产生较大的影响,因此艉轴密封装置的可靠性要求较高,常见的密封形式有用于油润滑装置的油盘型(SIMPLEX 型)密封装置和用于水润滑装置的端面型(填料函型)密封装置。

6. 船舶轴系的布置

根据船舶轴系布置的型式不同,带动螺旋桨数目的不同,轴系可分为单轴系(带动 1 个螺旋桨)、双轴系(带动 2 个螺旋桨)和多轴系(带动多个螺旋桨)等布置型式。

根据主机和轴系数目的不同,推进装置可分为单机单桨推进装置、双机双桨推进装置、双机单桨推进装置(双机并车推进装置)和多机多桨推进装置等。

根据机舱布置位置的不同,渔船轴系又可分为长轴系系统和短轴系系统。长轴系系统主要用于中前机舱布置型式,轴系柔性大,易调整,但安装工作量大,机械效率低;短轴系系统主要用于艉机舱布置型式,轴系刚性大,安装要求高。

轴系的数目和布置方式以及推进方式主要取决于渔船作业方式、渔船主尺度和渔船工作的可靠性要求等因素。

各传动轴中心线构成的直线称为轴线。通常,对于单轴系的船舶,轴线布置在船舶舯纵剖面上,并且与船舶龙骨平行,保证螺旋桨有最大的推力。这种布置方式称为理想布置。对于双轴系的船舶,轴线布置在船舶舯纵剖面对称的两侧,互相平行,并且与船舶龙骨平行。

对于部分小型渔业船舶,由于机舱空间有限,船舶吃水较小,特别是双轴系的船舶,轴系和螺旋桨布置受到一定限制。为使螺旋桨能够有一定的吃水深度,轴线常与水平龙骨形成一个倾斜方向,该布置形式称为倾斜布置,轴线与基线之间的夹角称为倾斜角。为使双轴系船舶螺旋桨间距达到一定值,轴线常与舯纵剖面形成一个偏斜方向,该布置型式称为偏斜布置,轴线与舯纵剖面之间的夹角称为偏斜角。

为了使有效推力不至于明显下降,要求倾斜角不大于 5°,偏斜角不大于 3°。

二、轴系的安装

轴系的安装,是动力装置安装的重要组成部分,轴系的安装质量,关系到主机运转的稳定性、持久性和可靠性,关系到主机传递给螺旋桨的功率和扭矩大小,关系到经济性和推进效率,因此轴系安装是一个重要工程。由于船舶采用的主机及轴系结构型式不同,其安装工艺有所不同。轴系直接安装于机舱底部,并有一定的长度,船舶下水后会有一定的变形,通常轴系的安装都是在船舶下水后进行。

轴系安装工程主要包括轴系理论中心线的确定,轴承支承点的确定和安装中孔的加工,轴段、轴承、艉轴管、艉轴密封装置的安装,中间轴的校中、安装与固定,主机的定位与固定等过程。

1. 确定轴系理论中心线

轴系理论中心线，是船舶设计时所确定的轴系的轴心线。螺旋桨连接法兰中心点至主机输出法兰中心点（直接传动）或中间设备输出法兰中心点（间接传动）之间的直线，确定了螺旋桨的位置和主机的位置，便确定了轴系理论中心线的位置。轴系安装时，人字架、艉柱轴孔等的校中、加工，轴系上各部件的相对位置，都是以轴系理论中心线为基准的。

轴系理论中心线的确定称为轴系对中，通常采用钢丝拉线法、光学法和激光法，都是通过取两个基准点来确定轴系理论中心线所在的位置。考虑到船体变形对轴系及主机安装质量有较大影响，各类船舶变形规律又很难掌握，因此确定时应做好如下工作。

1）充分准备

船体尾端算起 85%船体长度的装配工作应该基本完成。主机及轴系安装区域内所有舱室（柜）应该安装、检验并试验合格，船上所有质量较大的设备应该安装到位。确定轴系理论中心线和校中期间，停止较大振动冲击性工作，且船体不受强烈阳光直射，保持船体横纵水平（或有效记录偏差，以利修正）。

2）基准点确定

基准点的纵向位置是按布置图上指定的肋位确定的。船首的基准点称为艏基准点，船尾基准点称为艉基准点。一般常将艏基准点设在机舱前隔舱肋位上，艉基准点设在零号肋位上。

基准点的高度位置是基准点与基线的距离。可以通过钢直尺从中龙骨或双层底上的标注线量取规定高度数值（注意基线与中龙骨或双层底间的距离），也可以通过连接管水平仪借助船台标高尺确定。

基准点的水平位置是指轴系布置图上艏、艉基准点与船中线的距离，对单轴系来说，艏、艉基准点与中线同位。水平位置常采用铅锤吊线法确定。

3）理论中心线确定

（1）钢丝拉线法确定轴系理论中心线。

钢丝拉线法简便易行，不需要特殊设备，轴系长度小于 15m 时通常采用钢丝拉线法确定轴系理论中心线。

拉线前，基准点两端应设拉线架，舱壁等处预先开设小孔，以便钢丝线穿过。通常选用直径为 0.3~1.0mm 的钢丝，用足够大的拉力（拉断力的 70%~80%）保持钢丝直线状态，此时钢丝线即代表轴系理论中心线。

钢丝的自重会产生一定挠度，必须按规定修正其误差。

（2）光学仪器法确定轴系理论中心线。

钢丝拉线法精度和效率较低，在现代化造船中特别是轴系较长时，日益普遍采用的是光学仪器法确定轴系理论中心线。

首先确定艏、艉基准光靶的位置，使光靶上的十字线中心与基准点重合，调校通过平行光管产生的光源，使主光轴通过轴系的艏、艉基准点，此时，主光轴即代表轴系理论中心线。

2. 轴承支撑点的确定和安装中孔的加工

轴系理论中心线确定后需要进行安装中孔的加工。

（1）确定加工圆线和检验圆线：加工圆线和检验圆线是两个同心圆，前者是镗孔时的加工线，后者是镗孔后和船舶大修后检验基准。检验圆线比加工圆线直径大 20～30mm。

（2）镗孔应确保孔的中心线与检验圆线中心偏差、孔与端面垂直度、孔的圆度与柱度、轴系各孔同轴度等各项指标达到设计技术要求，并满足船检要求。

3．轴段、轴承、艉轴管、艉轴密封装置的安装

1）艉轴管的安装

艉轴管轴承通常预先装配在艉轴管内，整体安装上船，以方便安装和减少船台工作。艉轴管安装前应检查艉轴管外径和配合凸肩尺寸，检查艉轴管安装记号，将艉轴管摆正，用小车或滑轨按工艺要求将艉轴管送入。

艉轴管安装完成后可安装润滑油管，冷却水管和阀等附属装置，并对艉尖舱进行水密试验。

2）艉轴的安装

安装前应按要求对艉轴进行检查，安装方法与艉轴管类似，用吊索、滑车将艉轴送入。

艉轴安装到位后，应在螺旋桨位置悬挂相应重物状态下检测艉轴与艉轴管之间的间隙，应该符合技术要求。

3）艉轴管密封装置的安装

艉轴管包括艏端密封装置和艉端密封装置，根据密封方式不同，有填料函密封装置、橡皮环式密封装置、金属环式密封装置、桶式端面密封装置等。安装时按结构型式逐级装入，均匀压紧，并要求安装后进行油压或水压试验。

4）中间轴的安装

中间轴（轴系）的安装就是把全部中间轴正确安装在主机输出轴与艉轴之间，并使整个轴系的弯曲度不超过允许范围。

安装时，中间轴以艉轴为基准逐段进行安装，最终主机根据其相邻的中间轴进行安装；若主机与艉轴均安装完毕后再进行安装，则中间轴根据主机和艉轴的实际位置进行安装。

5）中间轴的校中、安装与固定

轴系运转时受力复杂，变化较大，包括螺旋桨扭矩及扭应力、螺旋桨推力及压应力、螺旋桨和轴系自身重量负荷及弯曲应力、轴系安装和船体变形、主机工况变化和螺旋桨振动产生的附加负荷及附加弯曲应力等。因此，轴系安装后，应按一定的要求和方法对轴系进行校中，使轴系上全部轴承及各轴段内的应力均处于允许范围内。

轴系校中方法根据原理可采用直线校中、允许负荷校中、合理负荷校中等方法。

6）主机的定位与固定

根据主机安装要求进行有效定位及固定。

三、螺旋桨

螺旋桨是船舶推进器的一种，目前大部分船舶均采用螺旋桨作为船舶推进器，其作用是将主机发出的扭矩转变为推进动力，并通过轴系传递给船体推动船舶前进。

根据连接方式的不同，螺旋桨安装也有不同的形式和要求。通常采用键连接、液压安装、无键胶接等几种。

任何形式的安装过程，都要求在安装前仔细检查安装表面无损伤，擦拭干净配合面，按规定的压入量和压入力与螺旋桨轴连接，连接后应按规定进行检查。

第五节 船舶辅助机械

一、船舶管路系统

船舶管路系统用以连接各种机械设备,输送有关气体或液体,简称船舶管系,用以满足推进装置和辅助装置的正常运行,保证船舶安全,以及船员正常生活需要。船舶管系一般由辅助机械、辅助设备、管子和附件、仪表等组成。按其功用和服务对象不同,船舶管路系统可分为动力管系和船舶系统两大类。

保证推进装置和辅助装置正常运行的管路系统称为动力管系。动力管系通常包括燃油管系、滑油管系、冷却水管系、压缩空气管系、排气管系,有时也包括蒸汽管系、锅炉给水及凝水管系、排水管系、热油管系、液压传动管系等。

在动力管系中,为保证系统的安全性和可靠性,一般所选的动力泵都为双套制,互为备用;大部分管系压力较高,应安装安全阀;对管材及管路布置均有适当的要求。

船舶系统是为全船服务的管路系统,是为保证船舶不沉、安全、防火、防污染和正常航行等性能,保证船舶生命力和满足船舶安全营运以及船员、旅客正常生活需要而设的全船性管路系统。船舶系统按用途通常包括舱底水系统、压载水系统、消防系统、生活用水系统、卫生水系统、空调系统、特种系统等各种专门化管网。

船舶管路系统由完成一定任务的机械设备(如油泵、水泵、空气压缩机)、器具(如油舱、油柜、水柜、压缩空气瓶)、检测仪表(如温度计、压力表、流量计)以及管子和管路附件(如各种阀门、阀箱、管接头、过滤器)等组成,图 6-19 所示为某船舶设计和实际安装的船舶管路系统。

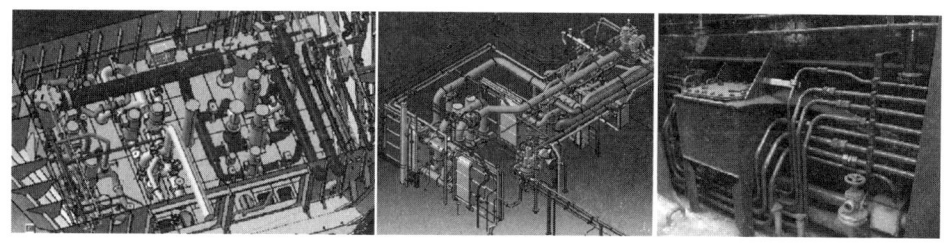

图 6-19 船舶管路系统设计和安装实例

1. 管路系统的布置和安装

管路系统基本都是由管路、泵、阀门、仪表等组成的,在系统选择、布置和安装上有一定的要求。

(1)系统应满足设计压力和设计温度的要求。

(2)管路布置应加以固定,并设有膨胀补偿机构,避免变形带来的不正常附加应力。

(3)管路穿过隔舱壁时,应保证要求的固定和密封。

(4)系统应满足防蚀、防火、防护要求。

(5)安装完成后,应进行检查,对Ⅰ级和Ⅱ级管路的焊接接头,应进行无损检查。

另外,船舶系统中的空气管、溢流管及测量管等均应按相关的规定和要求设计、布置、安装和试验。

2. 动力管系

1）燃油管系

燃油管系用以向柴油机、辅机、辅助锅炉等供应足够数量并符合质量要求的燃油，以确保动力装置的正常运行。

不同的船舶有不同的燃油管系，一般包括燃油的注入、储存、驳运、净化和供给五个基本环节。燃油管系的设计与布置要求如下。

（1）设备和油柜：不同种类的燃油应该设置不同的日用油柜，容量符合规范要求，各个动力设备的供油总管上应安装一只速闭总阀。

（2）油泵和滤器：主机通常设2台互为备用的油泵，主辅机通常各设2只互为备用的滤器或双联滤器，滤器转换不应中断供油。燃油驳运泵通常也设互为备用的2台，燃油泵的进出口应设有阀或旋塞。

（3）燃油管路：燃油管路应与其他管路隔开，尽可能远离热表面和电气设备，尽可能设在有良好照明的处所。管路、阀件及附件应由钢质材料或认可的材料制成。管路接头的垫片应是耐油、耐热材料。注入管路应有防止超压设施。

（4）燃油布置及燃油舱柜：双层底以上的舱柜（大于500L）每一供油管路上应设遥控和就地关闭阀，应急发电机和应急消防泵的遥控切断控制应独立。舱柜应尽可能成为船体结构的一部分，并尽可能位于A类机器处所之外；应有放水设施，该设施应能自闭。

（5）燃油加热及其他：加热蒸汽为饱和蒸汽，压力不大于0.68MPa，燃油加热最高温度应低于其闪点100℃以下。加热器燃油出口处应装安全阀。厨房使用燃油设备，其油柜应位于厨房之外，并能在外面控制燃油供给。

2）滑油管系

滑油管系用以向主机、辅机和减速齿轮箱等设备的各主要运动件提供足够的、合乎质量要求的润滑油，确保相互运动的摩擦表面之间良好润滑，减少摩擦功消耗和摩擦表面的磨损，并可起一定的冷却、密封作用。

（1）系统的组成：滑油管系通常包括滑油舱柜、油底壳、泵、管路、滤器、阀等。

（2）布置要求：主机和重要辅机应有备用的滑油供应泵，通常设2台泵。滑油管系应与其他管系隔开，通常应设2只滤器并在前后设压力表，应设有低压报警装置，无限航区应设分油机。布置时应与相邻舱柜分隔，滑油循环柜应能容纳系统中的全部油量，通常应设遥控关闭装置。

3）冷却水管系

为了使受高温燃气和摩擦作用的部件保持稳定的工作性能，必须对它们进行冷却。冷却水管系的任务就是把足量、连续和适宜的冷却介质（通常为淡水或海水）送到受热的部件，将多余的热量带走。

冷却水管系主要对柴油机、推力轴承、中间轴承、艉轴承、滑油冷却器、淡水冷却器、冷凝器等需要散热的机械设备，供应足够的淡水或海水，以带走它们工作时所产生或存在的热量，使其能在一定的温度范围内正常工作。

（1）系统的组成：冷却水管系通常包括管路、泵、机械、热交器等。

（2）系统的型式：冷却水系统有开式冷却系统和闭式冷却系统两种型式，前者开式冷却系统通过舷外水（海水）直接冷却高温部件，冷却后将海水排出舷外；后者闭式冷却系统，包含循环运行的淡水系统和开放的海水系统，通过淡水直接冷却高温部件，并通过海水与淡水交换热量，淡水系统管路上应设膨胀水箱。

（3）系统要求：冷却水系统通常设有备用的冷却水泵，冷却水管及附件应能调节温度，应设有高温报警装置，海水吸口应有2个，海水管路上的滤器不应中断供水，海水冷却系统应有防蚀措施。

4）压缩空气管系

压缩空气管系主要向动力装置提供一定压力、一定数量、一定质量的压缩空气，用以启动柴油机，操纵离合器和气动自动控制元件，向压力水柜供水，喷射灭火剂，吹洗海底门以及汽笛等其他杂用。

（1）管系的组成：压缩空气管系通常包含空压机、冷却器、空气瓶、管路阀等。

（2）布置要求：压缩空气管系至少包括互为备用的2台空压机，空压机总排量能在1h内充满空气瓶，其中至少1台应由非主机驱动。

主机用启动空气瓶至少2只，其容量对可换向主机应保证连续启动12次，不可换向主机应保证连续启动6次，空气瓶上应安装安全阀或易熔塞、泄放设施、压力表；空气瓶容量应考虑主机以外的其他用气量。

减压阀后应设压力表及安全阀，前后应设阀和旁通管路；大型低速机启动总管上应设安全阀，缸径大于230mm的，应设阻焰器。

5）排气管系

排气管系连接柴油机的排气端口，将主、辅柴油机的工作废气排出机舱。排气管系上，通常安装有废气锅炉，回收柴油机排气能量，或安装消声器，降低排气噪声、降低排气温度。

（1）系统的组成：排气管系通常包括隔热层、膨胀接头、消声器、泄水管等。

（2）布置要求：柴油机排气管不应与燃油锅炉烟道相通，通常排气管内不设调节或封闭设备。燃油和废气交替使用的锅炉，其进口应具有两者不能同时使用的隔离装置。排气管出口引向舷侧时应有防止海水进入机内的装置。排气管的隔热层通常应具有不吸油的外表。其他如蒸汽加热管系、锅炉给水与凝水管系、热油管系等渔业船舶使用不多，这里不做介绍。

3．船舶系统

1）舱底水系统

舱底水系统用以排除任何原因渗漏至机舱、炉舱、轴隧、货舱、货油泵舱、隔离空舱等处的舱底积水或污水。

舱底水主要来源于机械设备及水柜、油柜泄放和泄漏，油水管路泄漏，艉轴填料函箱处的漏水和冷却润滑水、甲板开口处水密性不良引起的渗漏，水线附近甲板和舱室的疏水泄放至舱底，扑灭火灾用消防水，船体破损后的大量进水等。

舱底水不仅对船体有腐蚀作用，而且会使货物受潮造成货损，机舱舱底水过多，还会影响轮机人员操作，使机电设备受潮或进水损坏，严重时甚至影响船舶稳性，危及航行安全。

（1）舱底水系统的一般要求。

舱底水系统应在船舶正浮或横倾不超过5°时，均能通过不少于一个吸口排干任何舱室或水密区域的积水，包括货船内舱舱底水，交替装载液货或干货的货舱和深舱，艏、艉尖舱和隔离空舱，艏、艉尖舱和机器处所之上的处所、轴隧和管隧等。

舱底水系统中的管路应能防止舷外海水或压载舱水进入机器处所和其他舱室的能力，管路中的所有阀门，包括分配阀箱或支管、吸口处的软管接头、直通泵吸入管、泵与总管之间等处所均应为截止止回阀，防止隔舱舱底水相互沟通。

舱底水泵应为自吸式泵，且工作时与压载水泵、消防水泵等互不干扰。

舱底水系统的布置与连接应符合规范要求。

（2）舱底水系统布置型式。

中小型船舶舱底水系统多数采用集中式布置，即舱底水泵和各舱吸入支管的控制阀箱全部集中在机舱内，操作简单、方便。大型船舶舱底水系统多数采用半集中式布置，即舱底水泵和各舱吸入支管的控制阀箱分别设置在机舱、轴隧等不同地方，适合舱室较多场合，布置简单，节省管子。

（3）通过深舱和双层底舱的舱底水管。

对通过深舱和双层底舱的舱底水管，应在管隧内通过，并安装非滑动式膨胀接头，双层底内应用重型钢管，安装完成后应进行必要的试验。

（4）舱底附件。

对舱底水系统应设立污水井，安装泥箱及滤网，并标注安装位置。

2）压载水系统

船舶压载水系统由向压载舱注入或排出压载水的管路、泵、阀等组成，主要用于改变压载水舱内的压载水量，以保证船舶的适当排水量，调节船舶吃水、纵横倾和安全稳性高度，减少船体共振，避免船体出现过大的弯曲力矩、剪切力和改善空船适航性能。

压载水系统的布置应保证船舶航行时同一条管路既可注入压载水，又可排出压载水，同时要求压载水管路不能通过饮水舱，不能通过锅炉水舱，不能通过滑油舱。

压载水系统的布置型式通常有支管式、总管式和管隧式等几种。

现代船舶压载水系统中的阀门开关操作普遍采用集中式远距离遥控系统。

3）消防系统

船舶用以防止火灾发生和制止火灾蔓延的管路系统，消防系统一般包括水消防系统、蒸汽消防系统、泡沫消防系统和二氧化碳消防系统等。

4）生活用水系统

船舶用以供给船员和旅客正常生活用水而设的管路系统，生活用水系统一般包括饮用水系统、洗漱水系统、热水系统以及卫生设备冲洗水系统等。

5）通风系统

用以排除机舱内的高温空气和废气，船员居住舱、厨房及厕所中的浑浊空气，并引进船外新鲜空气的管路系统。

舱室通风可分为自然通风和机械通风两种。自然通风是利用船舶前进时迎风面的压力将新鲜空气导入舱室，或利用背风面的负压将舱室中的空气导出，也可以利用冷热空气对流的方式对舱室换气。机械通风是利用通风机强制将新鲜空气送入舱室或将舱室中空气排出，机械通风可靠高效，但需要消耗能量。

二、船用泵

1. 船用泵的功用

船用泵通常是用来输送液体的一种机械设备，在船上经常需要输送水、油和其他各种液体。船用泵由原动机驱动,将机械能转变为液体的压力能,提高液体的压力,达到输送液体的目的。

2. 船用泵的分类

船用泵种类较多,按照不同的分类方式,可以有不同的船用泵。

(1) 按船用泵驱动形式分,有手动泵、电动泵、柴油机驱动泵等。

(2) 按船用泵工作原理分,有容积式泵(包括往复式泵(活塞泵、柱塞泵等)和旋转式泵(齿轮泵、螺杆泵等))、叶片式泵、喷射泵和电磁泵等。

(3) 按船用泵用途分,有通用泵、动力装置用泵、船舶辅助机械用泵、船舶专用泵。

3. 船用泵性能参数

通常把流量、压力、转速、功率、效率等泵的主要工作参数称为泵的性能参数,性能参数主要用于表征泵的性能和完善程度,以便比较和选用。

1) 流量

泵的流量是指单位时间内,泵输送液体的容积或质量,分别称为容积流量 Q(m^3/s) 和质量流量 G(kg/s),ρ 为液体的密度,两者关系为

$$G=\rho Q$$

2) 扬程(压头)

泵的扬程是指单位质量液体通过泵后所增加的能量,常用 H(m) 表示。根据水力学知识,单位质量液体的能量包括位能(势能)、动能和压力能,当全部转换成位能时,即表示液体所能上升的高度。

泵的铭牌上所标注的扬程是额定扬程,即设计工况下的扬程,泵的工作扬程取决于系统的工作条件。

3) 转速

泵的转速是指单位时间内泵轴的回转数,常用 n(r/min) 表示。往复式泵由于结构上的特点,常用活塞或柱塞在缸内每分钟所完成的双行程数表示泵的转速。泵的铭牌上所标注的转速是额定转速。

4) 功率

泵的功率有输入功率和输出功率,输出功率又称有效功率,是指泵单位时间内实际传给液体的能量,用 P_e(W) 表示;泵的输入功率又称轴功率,是指泵轴所接受的功率,用 P(W) 表示。

5) 效率

泵的效率是指泵的输出功率与输入功率的比值,常用 η 表示。由于泵在实际工作中总存在各种能量损失,所以泵的有效功率总小于轴功率。

三、空气压缩机

空气压缩机是将自由空气压缩而增加其压力的一种机械装置,增压后的空气称为压缩空气。

1. 压缩空气的用途

压缩空气主要用于主机、辅机的启动,风动工具、仪表的使用,机舱、货舱的吹洗,汽笛等的使用。目前,渔船上普遍采用往复活塞式压缩机提高空气的压力。

2. 空气压缩机分类

根据分类方式的不同，空气压缩机有多种形式。

（1）按气缸数分类，有单缸空气压缩机、双缸空气压缩机、多缸空气压缩机。

（2）按气缸结构分类，有立式空气压缩机、卧式空气压缩机、V 型空气压缩机、W 型空气压缩机。

（3）按压缩级数分类，有单级空气压缩机、双级空气压缩机、多级空气压缩机。

（4）按作用次数分类，有单作用式空气压缩机、双作用式空气压缩机、差动式空气压缩机等。

（5）按冷却方式分类，有风冷空气压缩机、水冷空气压缩机。

四、油水分离器

船舶直接将船上的含油污水排入大海，将会造成海洋水域的污染。根据规则和规定，船上必须安装油水分离器设备，保证处理后的含油污水内污油的浓度符合规定和公约中对排放的要求。

1. 油水分离基本方法

1）重力分离

重力分离是利用油水密度不同，进行油水分离的一种方式。

静置分离：采用静置沉淀，使油水上下分离。该方式需要较大的污油舱室，且静置时间较长，由于船舶航行，处于颠簸状态，分离效果不佳，通常用于预分离。

离心分离：在油水分离器内部设置特殊形状的挡板（分离盘），当分离器高速旋转时，不同密度的油和水在分离盘处产生分离，用设置于挡板相邻的导出管，导出分离后的水。

2）过滤分离

含油污水通过具有一定厚度的多孔性过滤元件时，水中油滴被挡住，并不断聚集成较大油滴上浮析出。

3）吸附分离

吸附式分离是利用多孔性的固体吸附材料直接吸附含油污水中的油滴达到油水分离的目的。

2. 油水分离器的安装要求

（1）油水分离器应安装于受摇摆影响较小的船舶中部，在排水管路上装设压力调节阀，以保证停机状态下分离出来的水不产生回流。

（2）油水分离器的进水管路上，应设有旁通调节阀，防止输送泵排量过大时超过油水分离器的处理容量。

五、锅炉及受压容器

1. 锅炉与受压容器在船上的作用

船舶锅炉是船舶上的汽源，是一种不可缺少的动力设备。锅炉产生的蒸汽可以用来满足船舶动力需求，油水介质等的加热，以及炊事、消防等方面的需要。

2. 锅炉与受压容器的分类及主要性能指标

船用锅炉按功能、用途可分为主锅炉、辅助锅炉和废气锅炉等。主锅炉是为主蒸汽动力装置而设置的锅炉；辅助锅炉一般是指在内燃机船上为了加热主机燃油、滑油、冷却水，驱动辅助机械,以及满足日常生活所需而设置的锅炉;废气锅炉是为充分利用柴油机排气所含热量,提高整个动力装置经济性而设置的锅炉。

船用锅炉按结构型式又可分为火管式(或烟管式)锅炉和水管式锅炉。火管式锅炉烟气在受热面管子里流动,管子外面是炉水,热量通过管子传递,加热炉水产生蒸汽。水管式锅炉则相反,炉水在受热面管子里流动,管子外面是烟气。

锅炉的主要特性指标如下。

(1)蒸发量。蒸发量是指锅炉在 1h 内所能产生的蒸汽量,用 D 表示,单位通常为 t/h 或 kg/h。

(2)工作压力。工作压力表示锅炉在额定工况下产生的蒸汽压力(表压),用 P 表示,单位为 MPa。

(3)蒸发率。蒸发率是指单位时间内每平方米锅炉受热面上所产生的蒸汽量,用 Y 表示,单位为 $kg/(m^2 \cdot h)$。蒸发率的大小表征受热面的工作强烈程度。

(4)效率。效率是指锅炉中有效利用的热量与燃料在炉膛中燃烧时所放出的总热量之比。它是表征锅炉工作的经济性指标。

3. 立式火管辅助锅炉及锅炉附件

1)结构及工作原理

图 6-20 所示为立式横置火管辅助锅炉结构图。圆筒形的锅壳 1 为锅炉的主体,壳内大部分空间用来容纳炉水,称为容水空间,剩余的上部空间称为容汽空间。

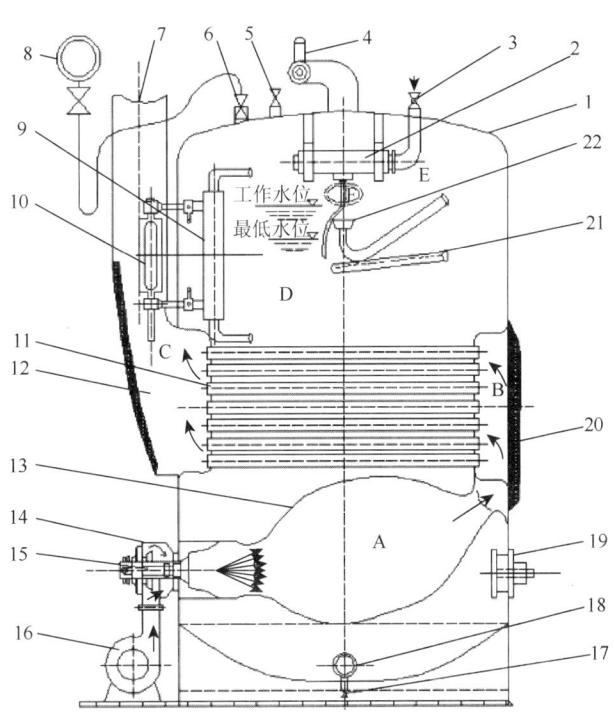

图 6-20 立式横置火管辅助锅炉结构

A. 炉膛;B. 燃烧室;C. 烟箱;D. 容水空间;E. 容汽空间;F. 人孔
1. 锅炉主体;2. 汽水分离器;3. 主汽阀;4. 安全阀;5. 释放阀;6. 测压阀;7. 烟囱;8. 压力表;9. 水位自动调节器;10. 水位计;11. 烟管;12. 烟箱;13. 炉膛;14. 燃烧器;15. 燃油喷枪;16. 风机;17. 下排污阀;18. 下排污管;19. 手孔;20. 燃烧室背板;21. 内给水管;22. 上排污集渣盘

球形内胆设在锅壳的下部，外部被炉水包围，炉胆内部是供燃料燃烧的炉膛。炉胆的上方有一圆形出烟口与上方的燃烧室 B 相通。对应于燃烧室与烟箱处的锅壳呈平直板形，称为管板，两管板间采用焊接或扩接法装有数百根水平的无缝钢管，管内通道构成燃烧室与烟箱间的流道，管外则被炉水所包围。为了增强烟气与管壁间的换热效果，烟管中常设有加强烟气扰动的螺旋片。

燃烧机构 14、15 设在炉膛 A 的正前方，由燃油泵供给的燃油及风机 16 送来的空气经燃烧机构后以一定的技术要求送入炉膛，经点火器点火后首先在炉膛内强烈燃烧，所产生的烟气温度可达 1200～1400℃。高温烟气在炉膛内经辐射放热后，通过烟口时其温度约为 700℃左右。由烟口进入燃烧室的烟气，一方面少量未燃尽的油料在其中继续燃烧，另一方面烟气被分配进入各烟管内流动。烟气在流经烟管的过程中，主要是以对流换热形式与管壁进行热交换，由管壁将热量传递给炉水。烟气流经烟管后，全部汇流至烟箱 C 中，此时烟气温度约 400℃左右，最后经由烟囱 7 排至大气。

在锅壳内的炉水由于吸热而沸腾汽化，大量蒸汽泡向上穿越炉水自蒸发面逸出后，聚集在上部的容汽空间，然后经汽水分离器提高蒸汽品质后，由主汽阀 3 输出，送往各处使用。

锅炉中的炉水由于不断汽化成蒸汽，水位将要下降。当水位降至最低工作水位（高出受热面 100mm 以上）时，水位自动调节器便发生作用，启动给水泵，水经给水阀和内给水管 21 进入锅炉。当水位升至最高工作水位时，水位调节器又能使给水泵停止工作。内给水管上通常钻有许多出水孔，以防止温度较低的水集中冲向锅炉的某一部位，产生较大的热应力而损坏锅炉。锅炉水位可以通过水位计 10 进行观察。

锅炉上均装有压力表 8，用以监视锅炉的工作压力。当气压超过额定工作压力一定限度时，锅炉上部安全阀 4 自动开启，以防止气压过高导致锅炉爆炸。

锅炉在运行时，需定期对炉水进行品质化验。当不符合要求时，将进行投药或更换炉水处理。加入药剂的炉水，会出现一些疏松的泥渣样水垢聚集在锅炉底部，应及时将其排出炉外，即进行下排污，下排污是通过下排污管 18 来完成的。上排污集渣盘 22 是专为排出蒸发面上的泡沫杂质、油类等污物而设置的。

为便于维护管理，锅炉上下部分别设人孔 F 和手孔 19，燃烧室背板 20 和烟箱上的检查门也都是可以拆卸的。

总体来说，火管锅炉有以下特点：首先，锅炉的蓄水盘较大，通常为蒸发盘的 3～4 倍，使锅炉质量相对增加，同时限制了蒸发量和工作压力的提高（压力一般小于 1.58MPa，蒸发量不超过 10t/h）；其次，由于烟气在烟管内的换热效果较差，整个锅炉受热面蒸发率较低；最后，火管锅炉蓄水量较大，且水循环不良，加热过程必须缓慢，所以点火升汽所需时间较长。

但是，火管锅炉的蓄水量大，蓄热性能好，汽压与水位容易保持平稳，自动调节容易实现。此外，蒸发率和受热面热负荷都较低，因此对炉水质量要求不高，甚至短期内用海水作为补给水亦不致有太大的危险。

2）锅炉附件

锅炉附件是为保证锅炉安全、正常地连续运行而特设的一系列附属构件。主要包括安全阀、水位计、压力表、主汽阀、空气旋塞、底部放泄阀及验水旋塞等。

4. 立式水管辅助锅炉

水管锅炉与火管锅炉相比，在结构上一般有较好的机械挠性，可以在炉膛附近大量地布置辐射受热面，相应地增大炉膛容积，改善燃烧条件。这也就使得在相同的蒸汽参数情况下，水管锅炉具有外形尺寸小、质量轻、启动迅速、效率高等优点。

但由于其蓄水量小，当外界负荷波动时，水位和汽压随之波动较大。而且由于蒸发率和受热面热负荷较大，管内水垢清除较为困难，因此对炉水质量要求较高。

图 6-21 所示为立式短直水管辅助锅炉结构简图。作为对流受热面的水管簇 15 垂直布置，两端分别与锅炉本体 8 的底部平板和锅炉下体 3 的上部平板（上、下平板即称为管板）牢固连接。这样不仅使加工简便，而且因水管垂直布置，烟气横向冲刷外管壁，有利于传热效果的提高。

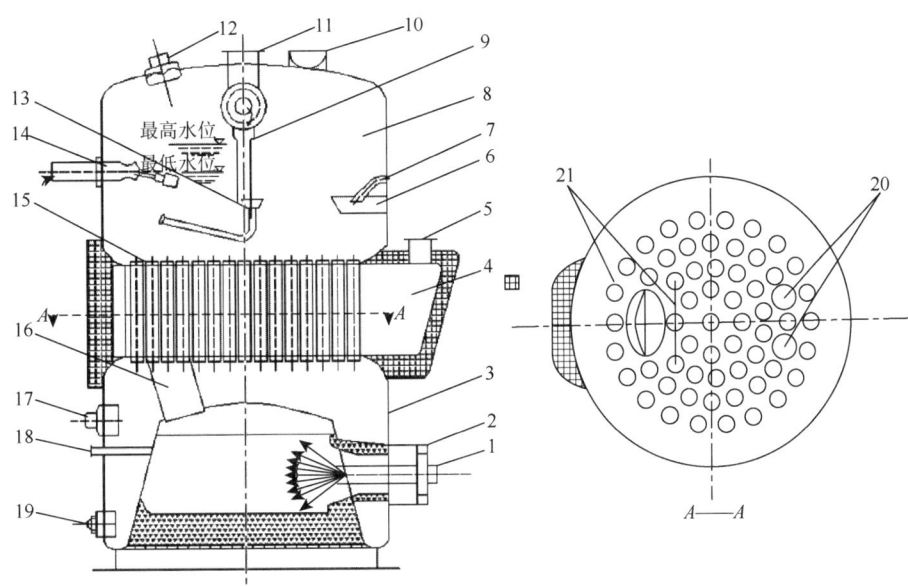

图 6-21 立式短直水管辅助锅炉结构

1. 燃油喷枪；2. 燃烧器；3. 锅炉下体；4. 烟箱；5. 烟囱；6. 挡水板；7. 给水管；8. 锅炉本体；9. 汽水分离器；10. 泄压阀；11. 主汽阀；12. 安全阀座；13. 上排污托盘；14. 液位传感器；15. 水管簇；16. 喉部短管；17. 人孔门；18. 风管；19. 除垢孔；20. 下降管；21. 挡烟板

锅炉工作时，燃烧产生的高温烟气在炉膛内主要以辐射放热方式将部分热量传给炉膛壁加热炉水，而后经喉部短管 16 进入由翅片型挡烟板 21 组成的燃烧室，进一步燃烧少量剩余的油料，并在右侧挡板的迫使下，环抱型分流进入水管簇间，横向冲刷水管外壁，进行对流换热。然后汇流至烟箱 4，经烟囱 5 排至大气。

烟气在流经各水管间时，由于温度逐渐降低，被烟气较先冲刷的左侧部分水管内的炉水吸热量较大，密度相应减小。而处于烟箱附近的部分水管，因烟气温度较低，管内炉水极少汽化或根本无汽化，因而炉水比重较前者为大。这样，在两者比重差的作用下，吸热量较大的水管（称为上升管）内的炉水不断上升进入锅炉本体，其中的蒸汽便穿越炉水进入容汽空间；而吸热量较少的水管（称为下降管）中的炉水不断下降，进入下锅筒，由此产生的炉水循环称为自然循环。在该型锅炉中，为了使循环更加畅通，在烟气温度较低的出口处，特设两根直径较大的下降管 20。

5. 废气锅炉

废气锅炉是装设在内燃机主机排气管道上用以回收废气中余热的一种设备。船用柴油机主机排气温度视不同机型通常为 350~450℃，而压力为 0.69MPa（表压）的饱和蒸汽温度约为174℃，因此完全可以利用柴油机的废气来加热炉水，使之产生一定量的蒸汽供船舶上使用。

图 6-22 所示为废气锅炉，锅壳 3 系用锅炉钢板滚压成圆筒形焊接而成，两端分别焊上带弯边的平板封头 1（即上、下管板）。在上、下封头间直立布置几百根烟管。为了增强平板型封头的承压能力，在管簇中尚有少量的管壁较其他管子厚的烟管，称为牵条管。柴油机的排气流过这些烟管时，将热量传给管外的炉水，使之产生蒸汽。为了增强柴油机排气通过烟管时的扰动，提高传热效果，烟管通常采用麻花管。

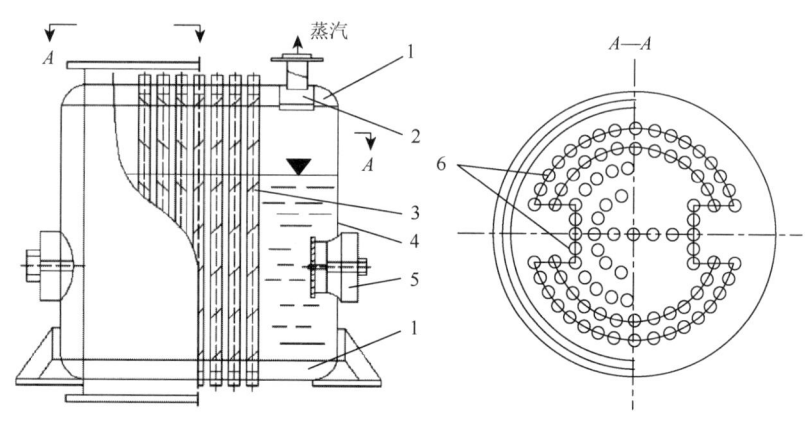

图 6-22　废气锅炉结构
1. 封头；2. 挡板；3. 烟管；4. 锅管；5. 人孔门；6. 烟管

废气锅炉和辅助锅炉一样，为了保证锅炉的安全运行，均需装设安全阀、水位计、压力表等一系列锅炉附件。

6. 锅炉的安装

船舶上设置废气锅炉后，船舶在正常航行时，其所产生的蒸汽量基本上能满足各处用汽的需要（或满足大部分需要），而当柴油机低负荷工作或船舶停航时，必须使用辅锅炉。为了减少船上设备，便于管理，辅锅炉与废气锅炉的汽、水系统通常是联系在一起的，目前船舶上常采用以下三种方案。

（1）两者相对独立，辅助锅炉和废气锅炉均有各自的给水管路和水位自动调节系统，由公用给水泵分别供水，所产生的蒸汽由各自的蒸汽管路输出，在总蒸汽分配联箱处汇集后，再送往各处使用。

（2）废气锅炉为辅助锅炉的一个附加受热面，这种方案废气锅炉不设水位自动调节系统，工作时废气锅炉中全部充满炉水。给水泵仅将炉水送至辅助锅炉，再由强制水循环泵将辅锅炉内的炉水抽至废气锅炉中，使之加热汽化，含有蒸汽的炉水在循环泵产生的压力作用下再被压回辅锅炉、在辅助锅炉内进行汽水分离，蒸汽经辅锅炉主汽阀输出。

（3）两者合为一体，这种方案实际上是将辅助锅炉与废气锅炉制成一体，形成燃油-废气联合锅炉。此时只能将整个锅炉设置在机舱上部，因此需要较完善的自动调节和控制设备，否则将给管理带来不便。

7. 强度计算概要

1）设计压力

最大许用工作压力，应不小于任一安全阀的最高设定压力。

2）金属温度

受压构件工作时可能达到的实际温度，锅炉不低于250℃。

3）许用应力

按规范取值。注意受压元件（承受介质压力的构件）、受压元件的载荷（介质压力、附加载荷、温度应力、工艺应力）和受压元件的应力分析（一次应力、二次应力、峰值应力）。

4）主要计算公式

锅炉和受压容器分为三级，如表6-1所示。

锅炉和受压容器构件的许用应力$[\sigma]$应按以下方法确定，取较小值。

金属温度小于等于50℃时，有

$$[\sigma]=\sigma_b/2 \ ; \ [\sigma]=\sigma_s/1.8$$

表6-1 锅炉和受压容器分级

	Ⅰ级	Ⅱ级	Ⅲ级
锅炉	$P>0.35$	$P\leqslant 0.35$	—
受压容器	$P>3.92$ 或 $\delta>40$ 或 $t>350$	P、δ、t 均小于Ⅰ级规定，但 $P>1.57$，或 $\delta>16$ 或 $t>150$	$P\leqslant 1.57$ 同时 $\delta\leqslant 16$ 且 $t\leqslant 150$

注：P为设计压力（MPa）；δ为筒体壁厚（mm）；t为筒壁温度（℃）。

金属温度大于50℃时，有

$$[\sigma]=\sigma_b/2.7 \ ; \ [\sigma]=\sigma_s/1.8$$

$$[\sigma]=\sigma_s^T/1.8 \ ; \ [\sigma]=\sigma_D^T/1.5$$

式中，σ_b为材料在环境温度下的抗拉强度（MPa）；σ_s为材料在环境温度下的屈服点（MPa）；σ_s^T为材料在构件金属温度下的屈服点或规定非比例伸长应力（MPa）；σ_D^T为材料在构件金属温度下105h的平均破断应力（MPa）。

铸钢材料的许用应力，可取铸钢材料的相应数值代入上式进行计算，并取其计算结果的80%。

辅助锅炉的筒体和管板的最小厚度δ应按下式计算：

$$\delta=\frac{pD_0}{2[\sigma]\phi-p}+0.75\,\text{mm}$$

式中，P为设计压力（MPa）；D_0为壳板内径（mm）；$[\sigma]$为许用应力（MPa）；ϕ为筒体最小强度系数，与筒体管孔直径和排列有关，对于无缝筒体，取值为1。

辅助锅炉筒体的最小厚度一般应不小于5mm，如筒体上设有膨胀水管时，筒体管板的厚度应不小于12mm，管子焊装于管板时，则筒体管板的厚度应不小于10mm。

受压容器筒体的最小厚度t，任何情况下不应小于下式计算的值：

$$t = D_0/1500 + 3 \text{ mm}$$

式中，D_0 为受压容器的内径（mm）。

8. 锅炉附件

给水阀、水位指示器、安全阀、截止阀、排污阀、压力表及其他等。其数量和要求应符合规定。

9. 锅炉与受压容器的检验

1）图纸审查

主要在强度、结构、附件等方面进行审查。

2）制造安装检验

焊接（材料、坡口、焊缝）检验，锅炉舱及锅炉布置检验。

3）液压试验

通常按 1.5 倍的设计压力进行检验或按工作温度折算后进行压力检验。

4）其他检验

锅炉结构检验等。

六、冷藏及速冻装置

1. 渔船渔获物的保鲜方法

渔船渔获物的保鲜方法主要是低温冷藏和冻结。

1）冰鲜（冰藏）

渔船带冰出海，生产过程中将渔获物与碎冰分层放在鱼箱中并置于鱼舱，通过冰的融化吸热保持渔获物的低温，温度保持-1～3℃。冰鲜方式渔船无需配备制冷装备，但作业周期短，作业天数不长。

2）微冻

鱼舱通过冰盐混合物保持低温，通过风冷或盘管等方式，可使温度保持-3～1℃，采用微冻保鲜时间较长。

3）冻结

冻结是将渔获物降温至-18℃以下，使渔获物完全冻结并置于鱼舱中冷藏。采用冻结冷藏保鲜时间更长。

为保证渔获物质量，渔船上渔获冻结通常采用速冻装置，使渔获物在短时间内冻结。常用的速冻方式有冷风冻结和接触式平板冻结。

4）冷藏

冷藏是使用低温储藏的总称。分冻结冷藏和非冻结冷藏两类。非冻结冷藏，习惯称为"冷藏"，是指将渔获物冷却到 0～10℃ 短期储藏。冰鲜和微冻属于此类冷藏。冻结冷藏，即冻藏，是将渔获物冻结后的储藏，冻结温度一般为-18℃以下，多脂鱼类在-30～-25℃，金枪鱼等名贵水产品甚至超低温-35℃～-60℃储藏。

2. 制冷装置基本组成和原理

为获得冷源和低温，除冰鲜方式可从渔码头带冰出海外，渔船上必须设有制冷机械装置，使热量从被冷对象中移出，建立和保持相对低温的状态。目前，制冷机械装置以蒸汽压缩式制冷装置应用最为广泛。

蒸汽压缩式制冷装置通常包括制冷压缩机、冷凝器、膨胀阀、蒸发器四部分。蒸汽压缩式制冷的基本原理是利用一种沸点很低的物质让它在冷藏舱内的管道中流过，从液态蒸发为气态，吸收大量汽化潜热，使冷藏舱内或速冻装置的温度降低实现制冷，这种低沸点工质称为制冷剂，冷藏舱即为蒸发器；吸收热量的蒸汽工质被制冷压缩机吸入并进行压缩，使工质压力升高，同时温度也相应升高，在常温下通过冷凝器对高温高压的蒸汽工质进行冷却，重新凝结成液态；实际上，在冷凝器和蒸发器之间安装有膨胀阀，其作用是对流经膨胀阀的液态制冷剂节流降压，使之压力温度降低，变成低压低温蒸汽再进入蒸发器中进一步蒸发吸热，保持工质在蒸发器中工作稳定。

3. 两级压缩制冷循环

蒸汽压缩式制冷装置工作时，压缩机的理论制冷量（吸热量）与单位工质的吸热量和压缩机排量有关，实际制冷量受到多种因素影响而有所减少，包括吸排气阀的漏气损失，流经吸排气阀的节流损失，压缩终了时的余隙损失，气缸温度升高引起的进气预热损失等；所有的损失可以用输气系数来表示。

输气系数与压缩机的压力比有关，压力比越大，输气系数越小，制冷量损失越大，制冷量降低，故单机压缩式制冷系统通常应用在压差不大的场合，对于制冷量大、压缩比大的场合，通常采用两级压缩制冷循环，两级压缩机之间采用中间冷却器。

采取两级压缩制冷循环，由于高压级压缩机的进气经过中间冷却，蒸汽比容减小，故高低压两级压缩机消耗功的总和，比大压力比单级压缩形式消耗的压缩功小。由于每级压缩比缩小，蒸汽与气缸壁之间的热交换少，压缩机的输气系数也相应提高。当高低压两级的压缩比相等时，两级压缩所消耗的总压缩功最小。

思 考 题

1. 渔船轮机的含义是什么？
2. 船舶动力装置有哪几种类型？
3. 船舶动力装置由哪几部分组成？
4. 船舶柴油机有几种分类方法？
5. 船舶主机安装有哪些要求？
6. 船舶推进装置有哪几种型式？
7. 船舶轴系的组成有哪些？
8. 船用泵的功用是什么？有哪些性能参数？
9. 船上为什么要安装油水分离器？油水分离有哪些基本方法？

第七章　渔业船舶电气

第一节　电力系统

一、船舶电力系统组成

船舶电力系统是船舶重要的组成，主要包括四个部分。

1）电源设备

电源设备是用以产生电能的装置，以满足渔船生产、生活等用电设备的需要。渔船电源设备常用的有柴油发电机组和蓄电池组。

2）配电装置

电力系统中，工况或负荷的变化，特别是渔船电气设备的间歇使用，使电源和负荷之间产生不平衡。配电装置是对电源和负荷进行合理配合，起到调整、测量、监控等作用，包括主配电板、应急配电板等。

3）供电网络

连接电源、配电装置和用电设备的电缆网络。根据用电设备或系统的不同，供电网络可分为动力电网、照明电网、低压电网等。

4）用电设备

用电设备即电源负载，如电动机、照明灯具等。

二、船舶电力系统特点

船舶，特别是渔船，电力系统容量较小，甲板机械和渔捞机械等用电设备多，功率差异较大，使用过程中容易造成对电网的冲击。

船舶机舱空间有限，动力装置布置紧凑，电缆连接交错复杂。

船舶电气设备和电力系统工作环境恶劣，运行在充满湿气、盐雾和冷热急剧变化的海洋环境，以及风浪、振动、冲击、摇摆等恶劣状况，对电气设备的工作性能影响较大。

三、船舶电力系统基本要求

根据船舶电力系统的特点，其应满足船用设备的相应要求如下。

（1）电源设备具有较高的稳定性和抗冲击性，发电机能承受较大的过载能力。

（2）系统有较高的工作可靠性、安全性和较长的使用寿命。

（3）设备有较强的抗干扰性和防潮、防霉、防盐特性。

四、船舶电力系统基本参数

船舶电力系统基本参数主要包括电制、电压、频率、容量等。船舶电力系统承担着全船的供电任务以及运行和系统参数的选择，关系到全船的工作性能。

1）电制

渔船电力系统的电制是指电流种类。目前，渔船配电系统通常采用交流（AC）和直流（DC）两种电制。

2）额定电压

额定电压采用低电压，可以提高用电设备的可靠性和安全性；采用高电压，可以降低电缆重量和尺寸，因此电压的选择应根据实际要求确定，目前我国船舶常用的电压为直流230V，交流单相230V和交流三相400V。船用电气设备的额定电压见表7-1。

表 7-1　船用电气设备的额定电压

电流种类	电源设备额定电压/V	受电设备额定电压/V
DC	28、115、230	24、110、220
AC	115、230、400	24、110、220、380

3）额定频率

船舶交流电力系统的额定频率选用陆上的标准等级，有 50Hz 或 60Hz 两种标准。目前，我国渔船交流电力系统的额定频率（又称工频）选择 50Hz，部分国家采用 60Hz 标准；电力系统的容量根据全船用电量不同和作业方式不同而不同。

五、船舶电力系统的船用条件

1. 环境条件

所有电气设备均应在下列环境条件下正常工作。

（1）环境空气温度和初级冷却水温度见表7-2，但适用于电子设备的环境空气温度的上限为55℃。

表 7-2　环境温度

介质	部位	温度/℃	
		无限航区	除热带海区以外的有限航区
空气	封闭处所内	0~45	0~40
	温度超过45℃（或40℃）和低于0℃的处所内	按这些处所的温度	按这些处所的温度
	开敞甲板	−25~45	−25~40
水		32	25

（2）倾斜摇摆见表7-3。

表 7-3　倾斜摇摆

设备组件	倾斜角/（°）			
	横向		纵向	
	横倾	横摇	纵倾	纵摇
应急电气设备、开关设备、电器和电子设备	22.5	22.5	10	10
上列以外的设备、组件	15	22.5	5	7.5

注：可能同时发生横向和纵向倾斜。

(3) 捕捞作业或航行中所产生的振动和冲击。
(4) 潮湿空气、盐雾、油雾和霉菌。

2. 工作条件

电气设备应能在表 7-4 规定的电压和频率偏离额定值的波动情况下可靠工作。

表 7-4 电压和频率波动表

设备		参数	稳态/%	瞬态	
				%	恢复时间/s
一般设备		电压	+6～-10	±20	1.5
		频率	±5	±10	5
由蓄电池供电的设备	充电期间接于蓄电池者	电压	+30～-25	—	—
	充电期间不接于蓄电池者	电压	+20～-25	—	—

第二节 电 源

一、电源

电源是将机械能、化学能等能源转变成电能的装置。船上常用的电源装置一般采用柴油发电机组和蓄电池组。目前，船舶的电源通常有主电源、应急电源、备用电源。船舶电源装置主要包括船舶主发电机、应急发电机、变压器和蓄电池组。根据规范要求，选择主电源时，必须根据船舶的长度、船舶的种类等，对船舶用电负载进行估算，才能正确选择电源装置的容量和数量。

1. 主电源

为全船用电设备提供能源的电源装备，主电源应能确保船舶处于正常操作状态和向满足正常生活需求所必需的所有电力辅助设备供电。

维持船舶推进和安全所必需的辅助设备，若以电力为唯一动力，则其主电源至少应由 2 台发电机组组成，其中之一可由主机驱动，主管机关可允许采用具有同等电容量的其他装置。并且这些发电机组的功率应能在任何 1 台发电机组停止工作时，保证系统仍继续对正常推进、船舶安全所必需的所有电力辅助设备供电，而不需求助于应急电源。

2. 应急电源

应急电源是当主电源故障不能继续正常供电时，能通过应急配电板向应急设备供电的电源装备，以保证船舶和系统的安全。

船长大于等于 45m 的船舶均应配备独立的应急电源，其布置应在火灾或其他原因致使主电源失效时，确保起作用。应急电源可以采用发电机组，也可以采用蓄电池组。

当采用发电机组作为应急电源时，应具有独立的燃油供应和有效启动装置，同时还应配备临时应急电源，即临时蓄电池组，当主电源和应急电源供电失效时，能向应急安全设备提供一定时间的有效电源。

若应急电源是蓄电池组，应在不需再充电的情况下承载应急负荷，并于整个放电期间维持其电压在额定电压±12%之内。当主电源供电发生故障时，该蓄电池应能自动接通应急配电板,并至少立即向应急设备供电。应急配电板应装有辅助开关,以便在自动连接系统发生故障时可手动接通。

3. 备用电源

对船长小于 45m 的船舶,如果不设应急电源,均应配备独立的备用电源。备用电源为蓄电池组,当主电源失效时,能向应急安全设备供电,因此备用电源与主电源应设置在不同的处所,并尽可能安装在最高一层的连续甲板以上。

对主电源、应急电源、备用电源的配置、容量、供电范围、布置、安装、连锁等的各项要求和性能,均应满足建造规范和法定检验规则的相应要求。

二、电源容量

船舶电源容量的确定必须经过船舶电力负荷计算,其结果作为选择发电机容量的依据。

当船舶发电机容量选择过大时,会造成电站低负荷低效率运行,使发电机功率得不到充分利用,并相应地造成配套电气设备(主开关、仪表、电缆等)容量增大,导致船舶造价提高;当船舶发电机容量选择过小时,会造成船舶电站工作不稳定,严重时会直接影响船舶安全。

1. 主电源容量的确定

船舶的电力负荷计算是根据全船用电设备和使用情况进行的。其计算结果可作为选择发电机容量和台数的依据。因此,电力负荷计算在整个船舶电气设备系统中是一项较重要的工作,如果计算不正确,选择发电机的容量不恰当,必将直接影响全船用电设备的正常运行,危及船舶安全和人身安全。

1)电站容量的计算方法

电站容量的计算方法有许多种,目前渔船常用的方法有两种:①需要系数法;②三类负载法。

2)运行工况

在计算电力负载时,通常要考虑船舶运行工况,虽然不同种类和用途的船舶运行工况略有不同,但运行工况大致可分为:①航行;②进出港;③作业;④停泊;⑤应急。

2. 电源的容量和台数

应根据电力负荷估算的计算结果最后确定发电机的容量和台数。在通常运行状态下,应以最大工况所必需的功率为准,在正常工作状况下不得使发电机过载,发电机的额定容量要有适当的储备量。同时,设置主电源时还应满足下列要求。

(1)主电源应至少由 2 台发电机组组成,其中一台可采用主机驱动,也可采用等效的其他电源装置,但应经船检部门同意。

(2)这些发电机组的台数和容量,应能在任一发电机组停止工作时,仍能继续对正常推进、船舶安全及基本生活必需的设备供电。

(3)发电机组应能在任一发电机组或原动机停止工作时,其余发电机组仍能对船舶推进、操纵和保证船舶安全所必需的设备保持供电或者在尽可能短的时间内恢复供电。

(4)若变压器作为构成主电源供电系统的必要部分,其容量和台数应能在其中一台停止工作时,其余的仍能保证所要求系统供电的连续性。

(5)在符合下列要求的条件下,主电源可仅设一台发电机组:①用电设备耗电总功率小于20kW；②为主机服务的各种辅助机械、舵机油泵可由主机驱动；③设有蓄电池组作为备用电源，其容量应保证能向船舶推进、安全所必需的用电设备供电。

（6）对于船长小于12m的沿海小型渔业船舶主电源可采用：①独立的原动机驱动的发电机组；②由主机驱动的发电机组；③蓄电池组。

第三节 发电机组

一、船舶电源装置

船舶电源装置承担全船的供电任务，因为发电机和原动机是联装在一起的整体，发电机所发出的电压、频率和所承担的负载，关联着原动机，所以对于船舶电源装置应该在机电配套方面统一考虑。

发电机组应该具备过载保护功能、外部短路保护功能、欠压保护功能和逆功率保护功能。

二、船舶发电机组的电压和频率

船舶发电机组的电压和频率，应根据船舶用电设备的要求选择和配置。发电机组的输出电压与发电机的负载有关，其稳定性应满足静态电压调整特性和动态电压调整特性的要求。发电机组的输出频率与发电机的转速有关，其稳定性应满足发电机组调速器特性的要求。

三、船舶发电机组的并网运行

船舶发电机组的总负荷是随着船舶航行状况、时间和航区的变化而变化的。因为航行、锚泊、作业、拖曳等航行状况，昼夜、季节等航行时间和近海、远洋、进出港等航行区域工况相差较大，其所需的功率也相差较大，所以船舶发电机组并非每时每刻全部投入运行。为了使发电机组经济高效运行，又满足用电设备的负载变化和安全可靠要求，根据具体工况可以实行发电机组单机、多机或全部投入运行。

根据发电机组的配置和投入运行方式的不同，船舶发电机组并网运行的方式有如下三种。

（1）单发电机工作：各发电机独立工作并向各自承担的部分负载供电，也可以通过汇流排切换，向不同的负载供电。

（2）发电机并联工作：运行的发电机同时并接在汇流排上，向汇接在汇流排上的所有用电设备供电，这种并联工作方式可以根据不同需要满足发电机同时工作和交替工作，而不致中断对用电设备的供电。

（3）发电机既可分别工作又可以并联工作：发电机的这种工作方式介于以上两者之间，各个发电机分别馈电给各自对应的汇流排，各个汇流排独立向对应的用电设备供电，各个汇流排之间设有并联开关，既可以独立运行，又可以在需要时将各个汇流排连接起来实现发电机并联运行。

发电机组并联运行是向一个电网共同供电，因此要求并网的发电机具有相同的输出电压、频率和相序，实际操作时是将某一个发电机并入正在运行的电网，并入的方式可以是手动操作，也可以是自动操作。

具体操作要求、方式和过程可以参考相应规范和手册。

第四节 蓄 电 池

蓄电池组是船舶电站中重要的电源设备，通常作为应急电源，当主电源发生故障时，可以作为有限的备用电源；此外，蓄电池组还可用于应急发电机原动机启动，作为通信、电航仪表等设备电源等。

一、蓄电池种类

船舶常用蓄电池有酸性蓄电池和碱性蓄电池两种。目前，我国船舶上以酸性蓄电池为主。

1. 酸性蓄电池

酸性蓄电池是利用铅、二氧化铅与硫酸的化学反应而储存和释放电能的一种换能设备，主要构成为极板、容器、隔板三部分，容器内充入一定量的硫酸。

正常工作时，酸性蓄电池的正极板为二氧化铅，负极板为海绵状铅，置于稀硫酸溶液中。工作时，在正负极之间接入负载，负载间就会有电流通过，电流方向是从正极板通过负载流向负极板，这就是蓄电池的放电过程；放电时正极板发生还原反应，从二氧化铅转换为硫酸铅，负极板发生氧化反应，从铅转换为硫酸铅，当两极氧化还原反应结束时，蓄电池的电能将消耗殆尽。充电时，蓄电池的正负极分别与直流电源充电器的正负极相连，这时电流通过铅蓄电池，正极从硫酸铅氧化成二氧化铅，负极从硫酸铅还原成铅，直到充满。

为增大蓄电池的容量，通常蓄电池的正负极板都制成多片结构，分别并联在一起，形成一组单电池，每组单电池的电压约为 2V。实际使用时，常将多组单电池串联在一起，组成 6V、12V、24V 的蓄电池。

2. 碱性蓄电池

碱性蓄电池是利用镉、氢氧化镍与氢氧化钾（或氢氧化钠）的化学反应而储存和释放电能的一种换能设备，也有利用纯铁、氢氧化镍与氢氧化钾之间的化学反应而制成的，前者称为镉镍电池，后者称为铁镍电池。

碱性蓄电池体积小，工作电压平稳，可以大电流放电，使用寿命长，在船舶上得到广泛应用；碱性蓄电池每组单电池的电压约为 1.25V，相同的负载，电池使用量大，成本较高。

二、蓄电池使用

船用蓄电池的有效使用应满足下列要求。

（1）正确选用蓄电池的类型和容量，以及控制装置。

（2）应设有适当的充电设备。

（3）直流系统中，当由较高的电压系统充电时，应设有使蓄电池组与低压系统隔离的措施。

（4）应急蓄电池组的自动放电装置，应使蓄电池无论是否在充电，均能随时自动向应急电路供电。

（5）经常进行正确的检查和维护保养。

三、蓄电池的布置安装要求

蓄电池的安装应该正确、牢固。

（1）充电功率大于 2kW 的蓄电池组，应安放在专用舱室内。若安放在露天甲板上，则可以安放在箱或柜中；充电功率小于等于 2kW 的蓄电池组可以安放在专用的箱或柜中。在机器处所内若条件不许可，则可以敞开安放在通风良好的地方；蓄电池组不得安放在生活区域内。

（2）每只蓄电池周围间隙应大于 20mm，并应用不吸潮、耐电解液腐蚀的绝缘材料楔隔、衬垫来固定。应采取措施，防止漏出的电解液与船体接触。

（3）蓄电池组的安装应便于更换、检测、充液和清洁。

（4）酸性蓄电池和碱性蓄电池不应安放在同一舱室、箱或柜中。

（5）原动机。启动蓄电池，应尽可能接近该原动机安装。若此项蓄电池不能设置在蓄电池室内，则其安装处应保证有适当通风。

（6）应急电源（包括临时应急电源）、指挥电话的蓄电池组安装位置应符合要求。

（7）蓄电池组（除内燃机的起动用蓄电池外）均应设有短路保护，其保护电器应尽可能靠近蓄电池组。每一蓄电池充电器，应设有充电器电源电压降低或丧失而导致蓄电池放电的合理保护。

（8）蓄电池室内应避免安装电气设备，若必须安装应选用防爆电气设备。

（9）蓄电池室、箱、柜应有独立良好的通风装置，其出风口在顶部，进风口在底部，并有防止水和火焰进入的措施，出风管应直通开敞甲板外。

（10）在蓄电池室的门、箱、柜的外面应有"禁止烟火"的标志。

第五节 配电装置

一、基本概念

配电装置是对电源和负荷进行分配、监视、测量、保护、转换、控制的装置。其中包括开关电器、测量仪表、保护及自动化设备、连接母线和其他辅助设备。按用途，配电装置主要可分为主配电板、应急配电板、分配电板（动力、照明、无线电、助航）、充放电板等。按结构型式配电装置可分为防护式、防滴式、防水式等。

1. 测量仪表

配电板的发电机控制屏至少应按表 7-5 的要求设置测量仪表。

表 7-5 发电机控制屏测量仪表

发电机种类	运行状态	仪表种类	数量
直流	单机运行	电流表	各发电机一个（接于正极）
		电压表	各发电机一个
	并联运行	电流表	各发电机一个（接于正极）
		电压表	两个（一个测量汇流排电压，一个能测量各发电机电压）

续表

发电机种类	运行状态	仪表种类	数量
交流	单机运行	电流表	各发电机一个（能分别测量各相[线]电流）
		电压表	各发电机一个（能分别测量各相[线]电压）
		功率表	各发电机一个（容量小于50kW（kVA）者除外）
		频率表	各发电机一个
		励磁电流表	各发电机一个（只在必要时设置）
	并联运行	电流表	各发电机一个（能分别测量各相[线]电流）
		电压表	两个（一个能分别测量各发电机各相[线]电压，一个能测量汇流排电压）
		功率表	各发电机一个
		频率表	两个（一个能测量汇流排频率，一个能测量各发电机频率）
		整步表	各发电机共用一个
		励磁电流表	各发电机一个（只在必要时设置）

注：备用电源若采用发电机时，其仪表可与主发电机共用。

测量仪表的精密度等级，应根据仪表的作用选择，但应不低于2.5级。同时，测量仪表的量程和刻度应符合下列规定。

（1）电压表的上量限应约为线路额定电压的120%。

（2）电流表的上量限应约为该线路中额定电流的130%。

（3）供并联运行的直流发电机用电流表和供并联运行的交流发电机用功率表，应能分别指示出15%的逆电流或逆功率。

（4）频率表应具有±10%额定频率的刻度。

（5）在电压表、电流表及功率表的刻度盘上应有一表示其额定值的明显标志。

另外，为了监测电气系统的对地绝缘情况，在配电板上设有兆欧表或绝缘监测指示灯。绝缘监测指示灯的功率应不大于15W，并用按钮控制。

2. 控制电器

在配电装置上安装有许多控制电器，以便对电路进行控制、保护。船舶上常用的控制电器有手动控制电器、自动控制电器和保护电器。手动控制电器包括刀开关、组合开关和按钮开关。自动控制电器包括交流接触器、中间继电器和时间继电器。保护电器包括熔断器、热继电器和自动空气断路器。熔断器在电机控制电路中主要起短路保护作用，热继电器在电机控制电路中主要起过载保护作用。自动空气断路器在电路中起短路、过载和欠压保护作用。

发电机的过载保护是在对发电机进行负载试验时，通过主开关上的整定值来实现保护的。

（1）过载小于10%，建议设一带延时的音响报警器，其最大整定值应为发电机额定电流的1.1倍，延时不超过15min。

（2）过载为10%～50%，经少于2min的延时断路器应分断。建议整定在发电机额定电流的125%～135%，延时15～30s断路器分断。

（3）过电流大于50%，但小于发电机的稳态短路电流，经与系统选择性保护所要求的短暂延时后，断路器应分断。

断路器的短延时脱扣器建议按如下规定进行整定：始动值为发电机额定电流的200%~250%，延时时间直流最长为0.2s，交流最长为0.6s。

3. 配电方式

规范规定我国渔船可以采用下列配电系统。

1）直流

（1）双线绝缘系统。

（2）负极接地的双线系统。

（3）利用船体作负极回路的单线系统。

2）交流单相

（1）双线绝缘系统。

（2）一线接地的双线系统。

（3）一线利用船体作回路的单线系统。

3）交流三相

（1）三相绝缘系统。

（2）中性点绝缘的四线系统。

（3）中性点接地的四线系统。

（4）利用船体作为中性线回路的三线系统。

目前，大多数渔船采用直流双线绝缘系统、交流单相双线绝缘系统和交流三相绝缘系统。中性点不接地的交流三相三线制系统供电安全可靠，因为动力与照明系统经变压器隔离，两者之间没有直接电的连接，相互影响小，特别是易出绝缘故障的照明系统对动力系统的影响大为减小。同时，发生单相接地时不会产生短路电流而跳闸，也不影响三个线电压的对称关系，能最大限度地保持连续供电。

二、配电板（箱）

船舶配电装置是接受和分配电能的电气装置，又称配电板（箱），配电装置具有对电力系统进行控制、测量、保护、调整等功能，通常由开关电器、保护电器、自动化设备、测量仪表、连接母线和其他辅助设备等组成。

船舶配电装置根据功能、用途、作用、范围等不同，可以包括主配电板、应急配电板、充放电板、岸电箱、分配电箱等。

1. 配电板功能与组成

主配电板用来控制和监视主发电机工作，并对全船电网进行配电；应急配电板用来控制和监视应急发电机工作，并对应急电网进行配电；充放电板用来控制和监视充电设备，并对蓄电池进行充放电以及对低压电网进行配电；岸电箱是船舶停靠码头或厂修时用来接驳岸电，向全船送电的装置；分配电箱是用来向其控制的用电范围进行电力配送的装置，如电力系统、照明系统、通信系统、导航系统等。

以主配电板为例，船舶主配电板一般由发电机控制屏、负载屏、并车屏、汇流排组成。主配电板可以通过手动或自动的方式根据需要接通或断开电路，测量和显示系统运行中的电压、电流、功率等参数，并对参数进行调整、控制和状态信号显示，当电力系统发生故障时，能启动保护装置，分离故障设备或网络，并信号报警。

1) 发电机控制屏

发电机控制屏主要由测量仪表、转换开关、发电机主开关、调速开关、指示灯、继电保护装置、发电机励磁装置等组成。

测量仪表和转换开关通常设置在发电机控制屏的上部面板，可以用来测量发电机任意一相的电流和任意两线间的电压，测量发电机的频率、功率和功率因数值。

发电机主开关、调速开关、信号灯等一般位于发电机控制屏的中部面板，以便于操作，发电机主开关均采用框架式自动空气断路器。

2) 负载屏

发电机负载屏主要由配电开关、显示仪表、熔断器、指示灯等组成，根据需要通过配电开关向用电设备提供和切断电力能源供应。负载屏上的配电开关可以根据功率大小选择，大多采用塑壳自动空气断路器。

3) 并车屏

发电机并车屏主要由频率表、同步表、同步指示器、转换开关等组成，可以对任意一台发电机组进行调速，投入切除电网操作等工作。

4) 汇流排

发电机汇流排即电力输送母线，由铜质材料制作，汇流排最大允许温升和最大电流应能满足故障时短路温升和短路电流的最大值。

2. 配电板结构与安装

发电机配电板除要求满足接入、切断等功能外，还应满足其他安全、环境、操作、安装等方面的要求。

（1）配电板结构要求：配电板应具有与环境相适应的防护等级，符合防潮、防湿要求；工作电压大于50V的场合应该设置屏蔽型配电板；配电板应设有坚固的绝缘手柄和扶手，且外壳坚固、防火滞燃；配电板测量仪器和操作手柄应布置简洁、清晰，操作方便，各个仪表和操作手柄应有清晰明显的标识，标明用途和操作方法；整体标有耐久铭牌。

（2）配电板安装要求：配电板安装时，应配备易于接近其内部安装的工具或电器；安装过程中对人员和设备应有适当的安全保护和防护，如在配电板前后铺设防滑耐油绝缘地毯或绝缘格栅。

第六节 船舶电网

船舶电网由电缆和电线组成，是连接电源和负载之间的桥梁。

1) 根据用途分类。

（1）主电网：由主发电机通过主配电板供电的网络。

（2）应急电网：由应急发电及通过应急配电板供电、或由蓄电池通过蓄电池充放电板供电的网络。

（3）临时应急电网：由蓄电池通过蓄电池充放电板用以传输、分配临时应急电能的网络。

（4）一次网络：由主配电板直接向区配电板、分配电板和负载供电的网络，亦称为一次系统。

（5）二次网络：由区电板或分配电板向负载供电的网络，亦称为二次系统。

（6）动力网络：船舶电网中向动力设备供电的网络。

（7）照明网络：船舶电网中向照明设备、电风扇及小用量生活电热设备供电的网络。

（8）弱电网络：船舶电网中向助航、助渔、船内通信及无线电设备等供电的网络。

2）电网的结线方式

电网的结线主要有放射式、环式、桥式、综合式等，渔船上多采用放射式。

3）船舶电缆和电线

电缆和电线在结构和用途上都是有区别的，电线的芯线外层只覆有保证电气绝缘用的绝缘层；而电缆则除电气绝缘层外还有用以防止外界各种因素（火、油、水、机械力等）危害的防护套。船舶电网中绝大部分采用的是电缆，而电线主要是用作电气设备的内部接线和一部分生活舱室的照明线路。

（1）电缆的构造。

船舶电缆主要由导电芯线、电气绝缘层和防护套三部分组成。

（2）电缆的选择。

应根据敷设场所的环境条件、敷设方法、电流定额、工作定额、需用系数和允许电压降等因素来选择电缆。任何电缆的额定电压应不低于它所在电路的额定电压。

①电缆型号的选择：根据电缆的用途和敷设环境条件来选择电缆的型号。电气设备以外的所有电缆及其布线至少应为滞燃型的。连接消防泵至应急配电板的电缆通过高度失火危险区域时，应为耐火型电缆。可携式电气设备应采用移动软电缆。

②电缆芯线截面的选择：电缆芯线截面是由它所载电流的大小而定的。选择电缆截面时，以线路工作电流不超过电缆所允许的最大载流量为原则，同时应考虑到线路的损耗（电压降）。在交流三相四线制电路中，中线电缆的截面应不小于相线电缆截面的50%。

第七节　船舶电气负载

船舶电力系统的负载是指船舶上的用电设备。

按设备的重要性，负载大体可分为以下几种。

（1）主重要设备：指为保持船舶推进、操舵和船舶安全需连续运转的设备。

①操舵装置。

②调距桨装置。

③为主、辅柴油机服务的燃油供给泵、滑油泵和冷却水泵。

④向上述①～③项设备供电的发电机及有关电源。

⑤向上述①～③项设备提供动力的液压泵。

⑥消防泵。

⑦航行灯、航行设备和信号设备。

⑧船内安全通信设备。

⑨照明系统。

（2）次重要设备：指为保持推进和操舵不必连续运转的设备，以及为保持船舶安全必需的设备。

①锚机。
②起动空气和控制空气压缩机。
③舱底、压载泵。
④机舱通风机。
⑤探火与失火报警系统。

（3）非重要设备：指短时间不运转不会对船舶推进和操舵有损害，也不会危及船员、货物、船舶以及机械安全的设备。

按设备的用途，负载大体可分为如下几种。

（1）船舶各种机械的电力拖动。
①甲板机械——舵机、锚机、绞缆机、起货机、起网机等。
②舱室机械——油泵、水泵、空气压缩机、通风机、冷冻机、空调机等。

（2）船舶电气照明。包括工作场所和生活舱室的各种照明灯具、航行灯、信号灯、诱鱼灯等。

（3）船舶通信、导航、助渔设备。包括船内通信、无线电通信、电航仪器、探鱼仪等。

（4）其他生活用电设备。包括电热器、电风扇、电视机、电炊具等。

第八节　照　明　系　统

一、照明系统分类和要求

船舶照明系统根据功能不同，可以分为主照明系统、应急照明系统、临时应急照明系统和航行信号灯系统。

主照明系统应向船员正常出入和使用的部位提供照明，并由主电源供电。主照明系统的布置，应使其在设有应急电源连同其变换装置（如设有时）、应急配电板和应急照明配电板的处所内发生火灾或其他事故时，不致受到损害。应急照明系统是当主电源失效，即主照明系统不能正常工作时，由应急电源供电的照明系统。应急照明系统是在应急条件下为特殊工作和场所服务的系统，因此应急照明有其特殊的要求。

（1）应急照明灯点设置等应符合有关规定。

（2）各种应急照明灯均应具有明显的标志，或在结构上与一般照明灯不同。

（3）不应在临时应急照明的馈电线上装设开关。

（4）除驾驶室、救生艇和筏存放处的舷外的应急照明灯以及应急照明兼作主照明外，在应急照明电路中不应装设就地开关。

（5）应急照明系统的布置，应使其在设有主电源连同其变换装置（如设有时）、主配电板和主照明配电板的处所内发生火灾或其他事故时，不致受到损害。

对采用应急发电机组作为应急电源的船舶还应设置临时应急照明系统，临时应急照明系统由蓄电池组供电。

航行信号灯系统是船舶照明系统中的一个独立部分，是保证船舶安全航行，标识船舶位置、状态、类型、动态等的重要设备，因此对航行信号灯有特殊的要求。

航行信号灯是航行灯和信号灯的总称。

每一盏航行灯均应由安装在驾驶室内易于接近位置上的航行灯控制箱引出的独立分

路供电,且应在这些分路的每个绝缘极上用安装在该控制箱上的开关和熔断器或断路器进行控制和保护。船长大于等于 24m 的船舶,应设有在每一盏航行灯发生故障时能发出听觉和视觉报警信号的自动指示器。如果采用与航行灯串联连接的指示灯,则应有防止由信号灯故障而导致航行灯熄灭的措施,并应设有航行灯控制箱电源故障的听觉和视觉报警。

每一盏信号灯均应由其控制箱引出的独立分路供电,而且在这些分路的每一绝缘板上用安装在该控制箱内的开关和熔断器或断路器进行控制和保护。

二、常用灯具和电光源

照明灯具由电光源、灯壳、灯罩及其附件等组成,根据分类方法不同,常用灯具包括保护型、防水型和防爆型;包括舱室内照明和舱室外照明(如信号灯)等;部分灯具还有美化和装饰作用。

常用的电光源有热辐射光源和气体放电光源,前者如白炽灯、卤钨灯等,后者如荧光灯、金属卤化物灯等。

船上各种场所安装的照明灯具,其防护等级应符合要求。对某些有特殊要求的场所,其照明开关应按规定进行安装。

三、照明控制线路

照明电路应设置保护。照明控制分主照明控制和航行信号控制,两者有较大的区别。

主照明控制线路由电源开关和灯的控制开关控制,航行信号灯除有开关控制外,在其控制箱内设有两路独立的馈电线路分别来自主配电板和应急配电板。另外,每一航行灯都有声光报警和故障指示器。

第九节 电热器具和电炊设备

电热器具和电炊设备在船舶上有广泛的应用,包括电取暖器、电加热器和电炉等设备及用具。

对所有电取暖器应固定装设,但可采用在其倾倒时能自动切断电源的可移动电热器具;在有可燃气体和尘埃易聚集的地方,不得装设电热器具;电热器具的安装对甲板、舱壁或其他周围物品应不致产生过热的危险。

电热和电炊设备的控制及装设,应保证每个电热器和电炊具设备,作为一个完整的单元,用一个安装在邻近的多极联动开关进行控制。

第十节 船舶电气设备的安装

一、船舶电气设备安装的一般要求

(1)电气设备的安装应考虑安全和便于检修。
(2)电气设备连接和紧固用的螺钉和螺母,均应有防止其受振动而松脱的措施。
(3)凡具有内部接线的电气设备,均应附上带有接线编号的原理图或接线图。电气设备的接线端头,应具有与图纸相符的耐久标志或符号。

（4）应急报警装置的控制器，应涂上红色和设有标明其用途的耐久铭牌。

（5）调节电阻、启动电阻、充电电阻、电热器具以及其他在工作时能产生高温的电气设备，在安装时应有防止导致附近物体过热和起火的措施。严禁在油舱、油柜外壁表面安装。

（6）电气设备不应贴近油舱、油柜或双层底储油舱等外壁表面安装。若必须安装时，电气设备与此类舱壁表面之间至少应有 50mm 的距离。

（7）在机器处所内花铁板以下、封闭的燃油和滑油分离机室内，禁止安装插座。

（8）应将发电机组安装成使其转轴与船舶首尾线平行。对于卧式电动机，也应尽量使其转轴与船舶首尾线平行安装。

（9）除安装在专用舱室里的电气设备外，其他电气设备的对地电压或工作电压超过 50V 的带电部分，均应有防止偶然触及的防护措施。

（10）当电气设备的外壳温度超过 80℃时，应采取防护措施或在布置上予以安排，以防止工作人员偶然触及而灼伤。

（11）在水密的舱壁、甲板、甲板室的外围壁上，不应钻孔用螺钉紧固电气设备及电缆。

（12）电气设备及电缆，不应安装在船舶外板上。

（13）配电板（箱）应安装在干燥、通风和易于观察、维修的位置。配电板（箱）的后面和上方不应设有水、油、蒸汽管、油柜以及其他液体容器；不可避免时，应有可靠的防护措施。

二、船舶电气设备的外壳防护

电气设备外壳防护型式的选择，应与安装的场所相适应，其最低防护等级应符合表 7-6 的要求。

表 7-6 外壳防护等级的最低要求

（1）	（2）	（3）	（4）							
处所	环境条件	防护级	配电板、控制设备、电动机启动器	发电机	电动机	变压器半导体变流器	照明设备	电热器具	电炊设备	附具（例如开关、接线盒）
干燥的居住处所	只有触及带电部分的危险	IP20	×	—	×	×	×	×	×	×
干燥的控制室			×	—	×	×	×	×	×	×
控制室（驾驶室）	滴水和（或）中等机械损伤危险	IP22	×	×	×	×	×	×	×	×
机舱（花钢板以上）			×	×	×	×	×	×	×	IP44
舵机室			×	×	×	×	×	×	—	IP44
冷藏机室（氨装置室除外）			×	—	×	×	×	×	—	IP44
应急机械室			×	×	×	×	×	×	—	IP44
一般储藏室			×	—	×	×	×	×	—	×
配膳室			×	—	×	×	×	×	—	IP44
粮食库			×	—	×	×	×	×	—	×

续表

(1)	(2)	(3)	(4)							
浴室	较大的水和（或）机械损伤危险	IP34	—	—	—	—	×	IP44	—	IP55
机舱（花钢板以下）			—	—	IP44	—	×	IP44	—	IP55
封闭的燃油分离器室			IP44	—	IP44	—	×	IP44	—	IP55
封闭的润滑油分离器室			IP44	—	IP44	—	×	IP44	—	IP55
压载泵舱	较大的水和机械损伤危险	IP44	×	—	×	×	×	—	—	IP55
冷藏舱、鱼货加工间										IP55
厨房和洗衣间			×	—	×	×	×	×	×	×
双层底中的轴隧或管隧	喷水危险、严重机械损伤、腐蚀性气体	IP55	×	—	×	—	×	—	—	IP56
速冻间、鱼舱			—	—	—	—	×	—	—	×
露天甲板	大量浸水的危险	IP56	×	—	×	—	IP55	×	—	×
水下	潜水	IP68								

注：①表中"×"表示按(3)栏要求，如不能满足(3)栏要求时，则按注③要求；②表中"—"表示一般不应安装此种设备；③设备本身不能达到防护要求时，应采用其他措施，或改善安装场所条件来确保本表要求。

三、船舶电气设备的防爆

若需在可能出现爆炸性气体、蒸汽而有爆炸危险的处所安装电气设备，所用电气设备应为符合要求的合格防爆电气设备。

（1）船上通常使用的防爆电气设备的类型。

①本质安全型 Ex"i"。

②隔爆型 Ex"d"。

③增安型 Ex"e"。

④正压型 Ex"p"。

（2）船用防爆灯具主要采用隔爆型和增安型。

①隔爆型 d。

将设备在正常运行时，能产生火花电弧的部件置于隔爆外壳内，隔爆外壳能承受内部的爆炸压力而不致损坏，并能保证内部的火焰气体通过间隙传播时降低能量，不足以引爆壳外的气体。

②增安型 e。

在正常运行时不会产生电弧、火花和危险高温，在结构上再进一步采取保护措施，提高设备的安全性和可靠性。

（3）设备应具有船检部门认可的防爆主管试验机构核发的防爆合格证。

（4）在蓄电池室、油灯间和油漆间（包括其通风道）、液化石油气钢瓶存放间等有爆炸危险处所中安装的电气设备应符合下列要求。

①安装合格防爆电气设备。

②电缆（包括路过电缆和终端电缆）应为铠装型或敷设在金属管道中。

③电气设备的开关、保护电器和电动机控制设备应能分断所有极或相，且最好安装在非危险处所。

（5）在有爆炸危险的处所中不得安装插座。

四、船舶电气的接地

船舶电气系统和设备的接地，是指对船舶电气设备的金属外壳、支架、电缆护套等与金属船体做永久性电气连接，是船舶安全用电的一项重要保护措施。根据接地的不同用途，可以分为工作接地、保护接地和保护接零。

1. 工作接地

保证电气设备在正常情况下安全可靠运行的接地称为工作接地。例如，中性点接地的三相四线制电网系统，接地线是系统工作回路的一部分，又称接零。为保证接零可靠，防止因接零线断裂而造成事故，可将零线在其他地方多处接地，称为重复接地。

2. 保护接地

为防止电气设备因绝缘损坏，使人遭受触电危险而进行的接地称为保护接地。保护接地是将电气设备金属外壳与船体做电气连接，当某处绝缘破损造成外壳带电时，电流将直接与接地体导通，避免了人体触电。凡由于绝缘破坏或其他原因可能呈现危险电压的金属外壳部分，如电机、电器、变压器、照明器具外壳底座、配电装置金属构架、电缆线金属外皮等，除另有规定外，均需保护接地。

保护接地适用于对地绝缘的三相三线制电网系统，根据《海船规范》要求，保护接地不能与工作接地共用接地线和接地螺钉。

3. 保护接零

在中性点接地的三相四线制电网系统中，将电气设备和照明设备在正常情况下不带电的金属外壳或部件与系统的零线相连接，以避免人体触电的危险，这种方法称为保护接零。当电网某相发生碰壳短路时，短路电流经零线构成回路，电流使该相线路上的保护装置迅速动作，如熔断器，把故障部分断开电源，避免触电危险。

由于发生碰壳短路时，零线具有较高的对地电压，因此在同一个系统中不能将一部分电气设备接地，另一部分电气设备接零，防止危及人身安全。

4. 接地要求

电气设备的电部件以外所有可接近的金属部分均应接地，但下列情况除外。

（1）灯头。

（2）安装在非导电材料制成或覆盖的灯座或照明设备上的灯罩、反光镜和防护件。

（3）设在非导电材料上的金属部件和拧入或贯穿非导电材料的螺钉，这些金属部件和螺钉以非导电材料与带电部件和接地的非带电部件相隔离，因此在正常使用中它们不可能带电和接触接地部件。

（4）具有双重绝缘和（或）加强绝缘的可携式设备，但应满足公认的安全要求。

（5）防止轴电流的绝缘轴承座。

（6）荧光灯管的紧固件。

（7）工作电压不超过 50V 的设备。对于交流电，此项电压为均方根值，且不应使用自耦变压器取得此项电压。

（8）电缆紧固件。

当电气设备直接紧固在船体的金属结构上或紧固在与船体金属结构有可靠电气连接的底座或支架上时，可不另设专用导体接地。

无论是专用导体接地还是靠设备底座或支架接地,其接触面均应光洁平贴,保证有良好的接触,并应有防止松动和生锈的措施。

若采用专用接地,则其导体应用铜或导电良好的耐蚀材料制成,必要时应有防止机械损伤的措施及防蚀措施。

不同型式的铜接地导体的标称截面面积应符合表7-7的规定。

可移动和可携式电气设备的不带电裸露金属部分,应以附设在软电缆或软电线中的连续接地导体,并通过插头和插座接地,其接地导体的截面面积应符合表7-7的规定。

表 7-7 接地导体的截面积

接地导体的型式	相关的载流导体截面面积 S/mm^2	铜接地导体的最小截面面积 Q/mm^2
软电缆或软电线中的连续接地导体	$S \leq 16$	$Q=S$
	$S>16$	$Q=S/2$,但不小于 16
固定敷设电缆中的连续接地导体	$S \leq 16$	$Q=S$,但不小于 1.5
	$S>16$	$Q=S/2$,但不小于 16
单独固定的接地导体	$S \leq 2.5$	$Q=S$,但不小于 1.5
	$2.5<S \leq 120$	$Q=S/2$,但不小于 4
	$S>120$	$Q=70$

电缆的金属护套或金属外护层应于两端进行有效接地,但最后分路允许只在电源端接地。对于控制和仪表设备的电缆,由于技术原因,若一端接地较为有利,则不必两端接地。

电缆的金属护套或金属外护层可采用下列方式之一进行接地。

(1)用金属夹箍夹住,并以专用铜接地导体连接至船体的金属结构上。该接地导体的最小截面面积 Q 与电缆导体截面面积 S 的关系应符合下列规定:当 $S \leq 25mm^2$ 时,$Q \geq 1.5mm^2$;当 $S>25mm^2$ 时,$Q \geq 4mm^2$。

(2)用专用接地填料函接地,这种填料函能保证有效的接地连接。

(3)用电缆紧固件接地,这种电缆紧固件应以耐腐蚀的金属材料制成,并应能使电缆金属护套或金属外护层与接地金属之间有良好的接触。

应保证电缆的金属护套或金属外护层在其全长上,特别是在连接处和分支处保证电气上的连续性。

利用船体作回路的情况,工作接地线的截面面积应与绝缘敷设极或相的导线相同。

用于平时不载流的工作接地线,其截面面积应为载流导线截面面积的一半,但应不小于 $1.5mm^2$。

接地配电系统的工作接地应与电气设备平时不带电部分的接地分开。

连续接地导体或单独接地导体与船体结构的各连接点,应位于船上易于到达之处,并应以直径不小于 4mm 的黄铜或其他耐腐蚀材料制成的螺钉紧固,该螺钉应仅作接地之用。

五、避雷装置

对非金属船体的船舶和具有非金属桅杆的钢质船体船舶,应设有可靠的避雷装置。船舶避雷装置包括避雷针(接闪器)、放电导体、接地板。避雷针应以直径不小于 12mm 的铜杆或直径不小于 25mm 的铁杆制成。避雷针应至少高出桅顶上的电气设备 300mm。非金属桅上的避雷针应以截面面积不小于 70mm^2 的铜排以及铜索或者用截面面积不小于 100mm^2 的铁条与船体进行可靠的电气连接。铜排或铜索（铁条）应尽可能敷成直线。活络桅杆与船体应有可靠的电气连接，其连接软铜线的截面面积应不小于 70mm^2。

1）接地板

（1）接地板应采用面积不小于 0.1m^2，厚度不小于 3mm 的铜板。接地板应固定在船舶各种状态下都能浸在水中的外板上。

（2）GFRP 船舶避雷装置应设有独立的接地板，并应与电气设备接地板之间至少有 1m 的距离。对船长小于 15m 且正常航行时主要动力设备不依靠电力供电的船舶，其电气设备接地和避雷装置接地可共用一块接地板。

2）从避雷针到接地板的总电阻不应超过 0.02Ω。

思 考 题

1. 船舶电力系统主要包括哪几部分？
2. 船舶电力系统的基本参数有哪些？
3. 船舶常用电源有哪几种？
4. 船舶电源装置主要包括哪几种？
5. 计算船舶电力负载时通常需要考虑哪些运行工况？
6. 船舶发电机组并网运行的方式有哪几种？
7. 目前我国船舶上多采用哪种蓄电池？
8. 船舶配电装置主要包括哪些？
9. 船舶照明系统如何分类？
10. 船舶电气系统和设备的接地有哪几种类型？

第八章 渔业船舶设备

第一节 舵设备

舵设备包括舵杆、舵销、舵叶、舵轴、舵承、舵杆和舵叶的连接（法兰连接、有键锥形连接、无键锥形连接）、主辅操舵装置及其控制系统、控制站和舵角指示器、应急操舵装置、舵角限制器等，其计算、取值和配合应符合有关规定。

人力操舵装置的操舵链直径、操舵牵杆直径、舵链滑轮直径、滑轮销轴直径等的计算和取值应符合有关规定。在每舷的传动线路上应装置松紧螺旋扣和弹簧缓冲器。

操舵装置的功用在于船舶航行及靠离码头时，应能按照驾驶员的意图实现转向或稳定航向，以保证船舶航行的安全。主机的推进和具有良好性能的操舵装置相互配合，可以有效实现以上操作。液压操舵装置是各类船舶最常用的舵机型式。

根据舵的剖面形状可分为平板舵和流线型舵，如图 8-1 所示。根据舵杆轴线在舵宽度上的位置可分为不平衡舵、平衡舵和半平衡舵，如图 8-2 所示。根据舵的支承情况可分为多支承舵、双支承舵、半悬挂舵和悬挂舵，如图 8-3 所示。不平衡舵的舵叶突出在舵杆后方，转舵时舵杆受到较大的扭矩，需要较大的转动力矩（舵机功率大），在风浪中易产生应舵不灵的现象。平衡舵把部分舵面积分布于舵杆的前方，称为平衡面积，可减少转舵力矩，节省舵机功率。

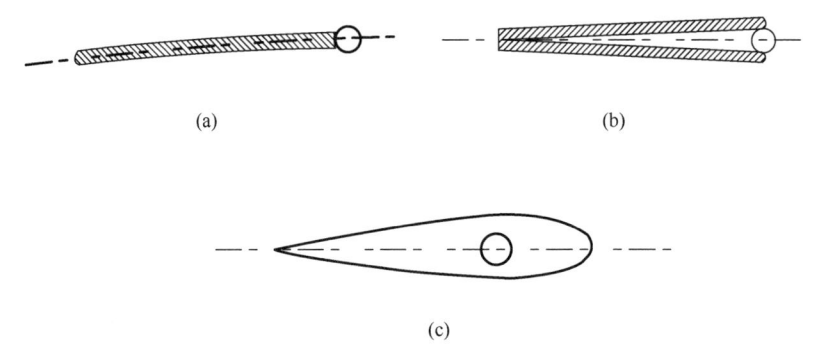

图 8-1 舵按剖面形状分类
（a）和（b）为平板舵；（c）为流线型舵

舵的数目取决于船型和航行情况，与螺旋桨的数目有很大关系。有单桨单舵、单桨双舵、单桨三舵、双桨单舵、双桨双舵等。

舵的最大缺点是在低航速时舵效差，零航速时无舵效，特殊操纵时，如原地转船、船横向平移无法实现。故又有多种特种舵（主动舵、鱼尾舵、导流罩舵、襟翼舵等）的出现，以及推进和操纵联合装置（侧推进器、全回转推进器等）的产生以适应需要。

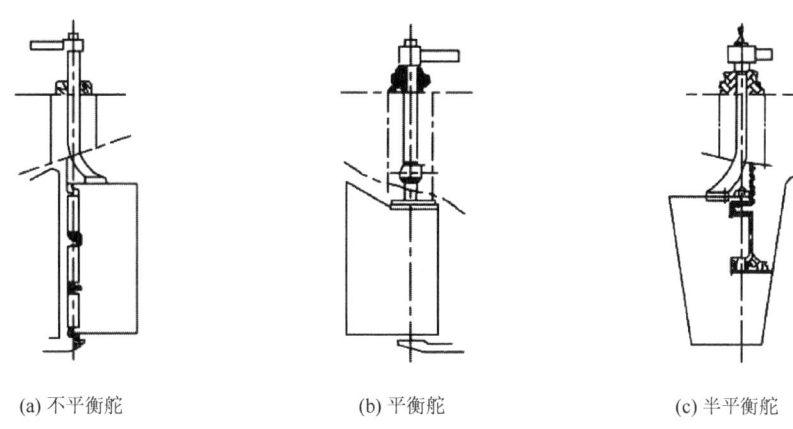

(a) 不平衡舵　　　　(b) 平衡舵　　　　(c) 半平衡舵

图 8-2　舵根据舵杆轴线在舵宽度上的位置分类

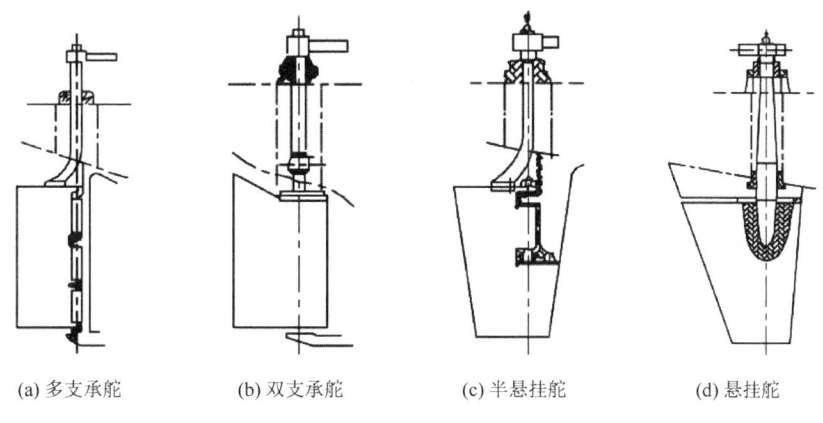

(a) 多支承舵　　(b) 双支承舵　　(c) 半悬挂舵　　(d) 悬挂舵

图 8-3　舵根据支承情况分类

第二节　锚泊及系泊设备

锚设备的主要作用是利用抛锚使船停泊在水面上，以进行货物、给养的装卸，人员上下，避风，等候码头，接受检疫等。还可以利用锚设备帮助船舶靠离码头，或在狭窄航道中调头。当发生机损、操纵失灵、紧急避让等情况时，可利用抛锚制动船舶以避免事故。

锚设备应符合下列几点要求。

（1）在船抛锚停泊期间，应能承受可能受到的风力、流力和波浪等合力的作用，并对动载荷有良好的缓冲作用。

（2）能迅速将锚抛出，并能保证将锚链（或锚缆）抛出所需的长度和将锚链（或锚缆）可靠地系固在船上。

（3）能迅速地起锚，并能保证锚爪可靠地紧贴在船舷板上。

一、锚设备的组成

锚设备通常包括锚、锚链筒、制链器、起锚机、锚链管、锚链舱。小型渔船上多采用两爪锚，使用锚缆，锚收起后固定在设于前甲板的锚床（也称锚架）上，锚缆卷收在钢索卷车或锚机的卷筒上。

二、锚的种类

锚的种类繁多，分类方法也多。例如，按有无横杆（也称稳定杆）可分为有杆锚和无杆锚；按锚爪是否活动可分为转爪锚和定爪锚；按锚爪数量的多少可分为单爪锚、双爪锚和四爪锚；按锚的抓力和锚重的比值即抓重比的大小分为普通锚和大抓力锚；还可按锚的用途分为船用锚、系泊锚、冰锚和浮锚等。

对船用锚的要求，一般应是质量轻而抓力大、结构简单、制造方便、坚固耐用。常见的船用锚有以下几种。

1. 有杆定爪锚

这种锚具有固定或可拆的稳定用锚横杆，锚爪相对于锚杆是固定不动的。抛锚后，锚仅以一爪啮入土中。常见的有海军锚（图 8-4）、两爪锚、日式锚、单爪锚等。有杆锚适用于各种海底，具有大抓力（其抓重比范围为 4~8）、构造简单的特点，但收放不太方便。

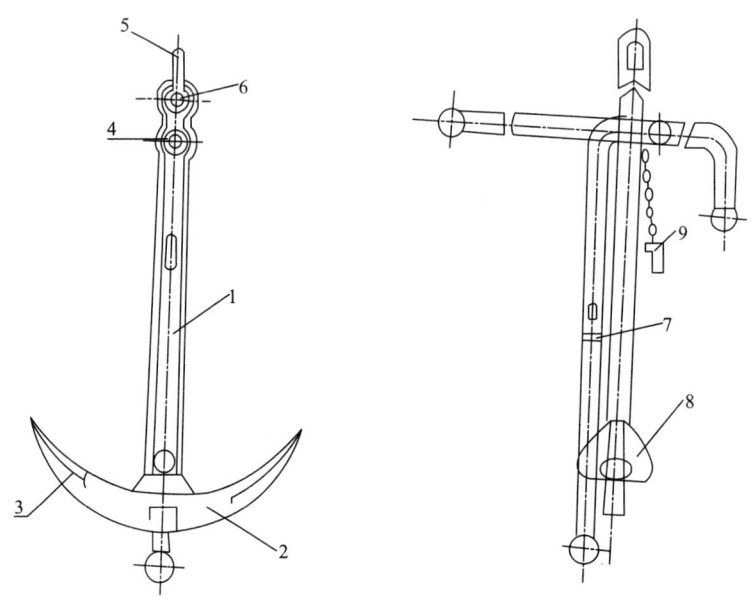

图 8-4 海军锚

1. 锚柄；2. 锚腕；3. 锚爪；4. 锚杆；5. 锚卸扣；6. 螺栓；7. 锚冠；8. 爪端；9. 销

2. 无杆转爪锚

这种锚无横杆，相对于锚，锚爪可以转动，通常为两爪。并以两爪同时啮入土中。常见的有霍尔锚、斯贝克锚等，如图 8-5 所示。无杆锚的抓力较小（其抓重比范围为 2.4~3.75），但收放方便。

3. 大抓力锚

大抓力锚又称强抓力锚，一般是有杆的转爪锚，其抓重比可高达 16~18 倍。常见的大抓力锚有丹福氏锚、马氏锚、艇用锚等，如图 8-6 所示。

三、系泊设备

船舶停靠码头或其他船只所使用的装置和机械即系泊设备。系泊设备包括系船索、导缆钳、导缆孔、带缆桩、系统绞车、绞盘、系统卷筒、导向滚轮和碰垫等。

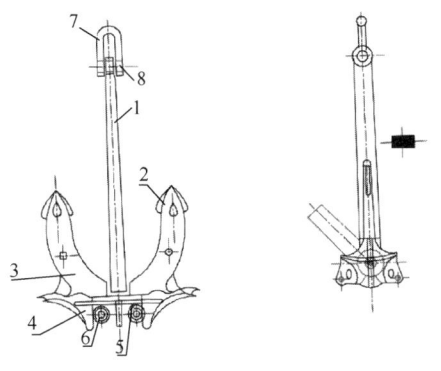 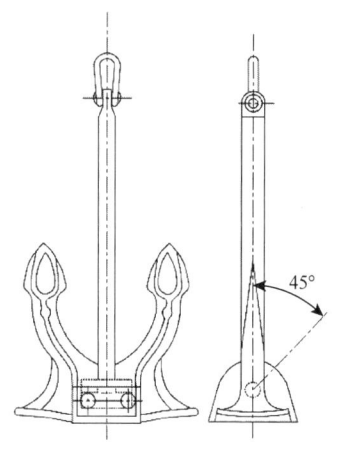

1. 锚柄；2. 锚爪尖；3. 锚腕；4. 锚头；5. 锚轴；6. 锚档销；7. 锚卸扣；8. 锚卸扣螺栓

（a）霍尔锚　　　　　　　　　　　（b）斯贝克锚

图 8-5　无杆转爪锚

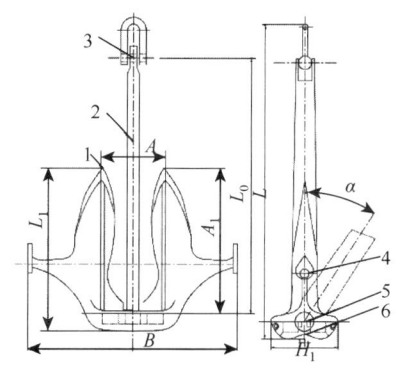 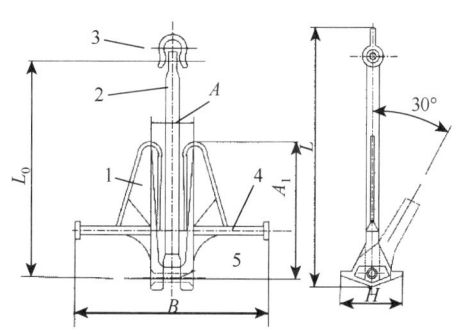

1. 锚爪；2. 锚柄；3. 卸扣；4. 横杆；5. 轴；6. 销　　　1. 锚爪；2. 锚柄；3. 卸扣；4. 横杆；5. 轴

（a）马氏大抓力锚　　　　　　　　　　　（b）艇用锚

图 8-6　大抓力锚

系船索一般应采用 6×24 或 6×37 规格的钢丝，抗拉强度不小于 1370MPa 的柔韧镀锌钢丝绳，其破断负荷、数量和长度应满足规范相应的要求。也可采用植物纤维、合成纤维或钢丝与植物纤维组成的绳索，其直径应不小于 20mm，即截面周长应不小于 63mm。

系泊设备的布置应与锚泊设备的布置综合考虑。除绞缆机外，系泊设备一般均左右舷对称布置。带缆桩布置在甲板构架的上方，否则该处甲板须以覆板加强。带缆桩与舷侧应保持一定的距离，以使缆索受力合理，并便于带缆操作。导缆钳、导缆孔则布置在舷墙支承或栏杆柱的中间。绞线机的位置要照顾多数带缆桩的需要，以充分发挥其作用。导向滚轮的位置要保证绞缆时缆绳正对绞缆机滚筒。绞缆卷车应放置在便于收藏缆绳且不影响船上交通的地方。

第三节　渔捞起货设备

渔捞起货设备是指渔船进行捕捞作业和停靠港口时装卸渔获物过程中所用各种装置的统称。渔捞起货设备的性能、质量，直接关系到渔船的经济效益和渔捞起货作业的安全，也是捕捞生产现代化的关键之一。

一、渔捞设备

渔捞设备根据其工作特性可分为：

（1）绳索绞机，又称绞钢机，是直接卷扬渔具钢绳的机器，如拖网绞机、围网绞机等。渔船上的渔捞绞车多数也兼作起货绞机用。

（2）渔具绞机，是直接卷扬渔具的机器，如动力滑车、卷网机、起钓机械等。起网机用于起网衣，起钓机用于起钓线或钓钩，卷网机则用于卷绕收存网衣。

（3）辅助机械与设备，如理网机、吸鱼泵等。

渔捞设备按其工作特性的分类系统如图 8-7 所示。

绞机可根据是否有容绳卷筒分为无卷筒绞机和有卷筒绞机。无卷筒绞机又可根据主轴的布置分为立式绞机和卧式绞机，前者主轴垂直（通常又称为绞盘），后者主轴水平。有卷筒绞机又可根据卷筒的数量分为单卷筒、双卷筒、三卷筒及多卷筒绞机。根据卷筒的排列可分为串联式绞机和并联式绞机。

起网机根据其工作原理可分为摩擦式和加紧式两种。摩擦式起网机又可根据其结构分为槽轮式、滚柱式和滚轮式等。加紧式起网机也可根据其结构分为夹滚式和夹抓式。驱动渔捞机械的动力，一般为内燃机、人力、蒸汽机等。但现在人力驱动已日益减少，蒸汽驱动已被淘汰。

渔捞机械按其动力传动方式可分为机械传动（包括皮带传动、链条传动、齿轮传动、涡轮传动等）、电传动和液压传动几种型式。

二、起货设备

起货设备是安装在渔船上用于渔获物装卸、搬动重件和辅助起放渔具的装置。渔船上通常使用的起货设备有吊杆装置和天索吊两种，起重机及吊杆式起重机在渔船上很少见。

起货设备除机械动力部分（起货绞机、渔船上通常由渔捞绞机兼用）外，它的组件可分为如下几类。

（1）金属结构件：如吊杆、桅、起重柱、臂架、门架等。

（2）固定零部件：指永久连接于吊货杆、桅或起重柱、甲板、上层建筑和船舶其他构件上的起货设备零部件，如眼板、吊货杆叉头、吊货杆承座（包括转轴、箍环、嵌入滑轮等）等。

（3）活动零部件：指非永久性附连于起货设备上的零部件，如吊钩、滑车、卸扣、转环、链条、有节定位索和松紧螺旋扣等。

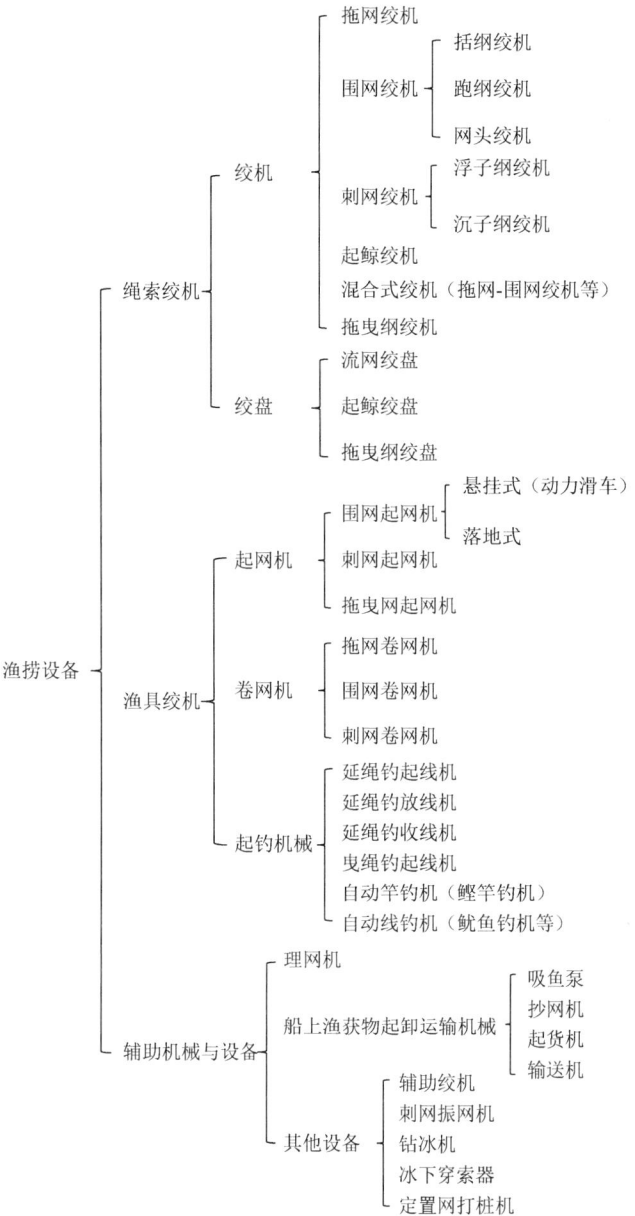

图 8-7 渔捞设备分类图

吊杆装置和吊杆式起重机,按其安全工作负荷的大小可分为轻型吊杆(安全工作负荷不大于 98kN)和重型吊杆(安全工作负荷大于 98kN)。

目前我国渔船上所用的吊杆装置通常都不大于 98kN,属轻型吊杆,且绝大多数为单杆操作。

第四节 消防设备

船舶上存在大量火灾危险因素,如携有大量液体燃料、复杂的电气设备、高温的机器场所等。因此，火灾发生的原因也多种多样，如电气线路的短路、绝缘不良；机器处所漏油遇高温起火；油漆、木材、衣服等易燃物不慎着火等。船舶航行于海上，远离陆地，一旦发生火灾，若不能及时扑救，无疑将给国家和个人带来严重损失。

船舶消防工作是保障船舶安全营运的一项重要工作。它包括三方面内容，即防火、探火和灭火。防火分建造和管理两个阶段进行，探火是指自动探测和报警装置，灭火则指固定灭火系统和消防用品。利用防火结构可以防止火灾发生后扩大燃烧区域，利用探火系统可以及早预知火警，利用灭火设备可以及时扑灭突起的火灾。

一、防火结构

渔船的防火结构，根据船长及作业渔区的不同有不同的要求。防火结构，是指从构造上用耐热与结构性限界面保证船舶的各种处所处于与其失火危险相适应的保护之中；设置的各种开口和贯穿件能有效地维护全船的耐火完整性，船舶一旦发生火灾，它们能在一定的时间内限制火灾的蔓延，将火焰、热和烟气控制在局部范围内，以使火灾能及早探知，为施救赢得时间，达到最大限度地减少伤亡和损失的目的。

二、灭火剂

物质发生燃烧、自燃或爆炸，都必须具备三个条件，即可燃物质、助燃物质和燃烧温度（着火源），这就是燃烧三要素。只有当这三个要素同时具备并相互结合、相互作用时燃烧才能实现。为破坏燃烧反应的进行，就要用各类灭火剂或其他手段破坏发生燃烧的基本条件。

灭火剂的种类很多，都是阻燃能力很强的不燃物质。灭火剂施放于燃烧物上及燃烧区域后，能通过吸热使燃烧物冷却；覆盖燃烧表面以隔绝空气；稀释火区空气以降低氧气浓度或中断燃烧的连锁反应等途径破坏燃烧的必要条件，最终达到中断燃烧反应、扑灭火势的目的。

因各自的物理性质及化学性质不尽相同，灭火剂适用的火灾种类也不相同。目前常用的有水、泡沫、二氧化碳、干粉及卤代烷（因环保方面的问题，已限制适用）。

三、消防用品

船舶的消防设备可分为两大类，即消防用品和固定灭火系统。渔船上使用的消防用品主要有各种手提式灭火器、大型泡沫灭火器、消防员装备以及消防斧（也称太平斧）、桶及其他消防用具等。

1. 手提式灭火器

手提式灭火器所含的灭火介质可分为五类，即水（酸碱）、泡沫、干粉、二氧化碳、卤代烷等。手提式灭火器应安放于人员按脱险路线撤离时容易看到的地方，如舱室出口处、走廊内和梯道旁。还应安放在有重大火灾隐情的地方，如机器处所、厨房处所等。每具灭火器都有永久性的操作文字说明和灭火药剂的名称、罐充量和适宜的火灾类型等文字说明。其型式应为舟车式，不因渔船的过度摇摆而影响使用。

2. 大型灭火器

渔船上使用的大型灭火器主要是指推车式泡沫灭火器，其上应设有绕于卷筒上的软管，其长度应达到灭火器所使用处所的任何部位。大型泡沫灭火器一般用于主机总输出功率大于 750kW 的机器处所。

3. 可携式泡沫装置

可携式泡沫装置由下列部分组成。

（1）一只能以消防水带连接于消防总管的吸入式空气泡沫枪。

（2）一只至少能装 20L 发泡液的可携式容器。

（3）一只备用容器。

4. 消防员装备

为使消防人员能接近火灾位置以执行救助任务，必须有抵挡烟雾和火焰的适当保护装备。消防员装备由防护服、长筒靴、手套、头盔、手提灯、呼吸器、太平斧等组成。

5. 其他消防用具

渔场上常用的消防工具有消防斧、消防水桶、砂箱、铁扦、铁钩、手锤、绝缘手钳等。消防工具是船员在灭火中常用的消防专用设备，平时放置在规定地点，并有明显标记（一般外漆为红色），不允许随意动用。

四、固定灭火系统

渔船航行于海上，远离港口。一旦发生火灾，只能靠船舶的自身设备和船员的力量去施救，而灭火的主要设备则是船上的固定灭火系统。固定式灭火系统是将灭火设备安装在固定场所，用管系接通到各个保护处所，在灭火时利用阀门控制把大量的灭火剂经管系输送至失火处所。

由于船舶种类、营运性质不同，以及各部位发生燃烧的可燃物质不一，选配的固定灭火系统也不一样。固定式灭火系统有水、二氧化碳、泡沫、气体、压力水雾等。渔船上使用最多的是水灭火系统。水灭火系统由消防泵、消防管系、消火栓、消防水带、水枪及国际通用接头等组成。

五、消防报警系统

船舶探火和失火报警系统是船舶消防的重要组成部分。它们的作用是尽早发现火警以使人们能及时采取措施灭火，减少损失。

船上常用的探火和失火报警系统有两大类型，一类是探测器探火和失火报警系统，该系统是以分布于各处的探测器作为火警的传感器，探得火警后立即发出信号经放大转换为声光信号发出警报；另一类是抽烟式报警系统，通过风机从各被保护处所抽取气样，送给总感应室，若抽取到的气体有烟，在经过感应室时，感应室会做出反应发送信号，经过放大转换成声光信号报警。该系统一般与固定式二氧化碳灭火系统配合使用。

另有一种自动喷水系统，即自动喷水器探火和失火报警系统，当被保护处所温度达到预定值时自动喷水灭火，同时发出声光报警信号，故也可看成自动喷水的灭火系统。

第五节 救 生 设 备

救生设备是当航行船舶遭遇意外事故时，船上乘员自救逃生的应急设备。海上事故的不断出现，促进了人们拓宽解决救生方法的思路，使救生设备不断更新和扩充。现在的救生设备已不仅仅是为遇险者提供攀附求生的工具，而且是集防晒、御寒、给养、行进等多功能于一体的救生工具。

救生设备可分为三大类：第一类是指集体救生设备，包括救生艇筏、救生浮具及其登乘、升降、回收、存放、释放等装置；第二类是指个人救生用品，包括救生圈、救生衣、浸水保温服等；第三类是指其他救生设备，包括救生抛绳器、烟火信号、紧急报警系统等。根据渔船尺度及作业渔区的不同，相应配备不同的救生设备。

一、救生设备的一般要求

船上配备的所有救生设备，必须满足以下几方面的共同要求。

（1）应以适当的工艺和材料制成，能防腐烂、耐腐蚀，不受海水、原油或霉菌侵袭的过度影响。如果暴露在日光下，应能抗老化变质，并符合主管机关所规定的使用年限要求。

（2）必须在风浪中使用的设备，在风浪中应能令人满意地工作。

（3）在$-30 \sim +65$℃的空气温度范围内存放而不致损坏。如其在使用时，可能浸没在海水中，则能在$-1 \sim +30$℃的海水温度范围内使用。

（4）在一切能被探测到的部位具有鲜明易见的颜色，一般采用橙黄色，并且在最易于被观察到的位置装贴逆向反光材料。

二、救生设备的配备

救生设备的配备从船舶安全的需要和布置、存放的可能性考虑。一般来说，国际航行船舶一旦海损而弃船时，主要依靠自救，因此要配备足够数量的艇筏，艇筏的乘员定额对船上总人数的百分比为150%～200%。国内航行船舶航程短，距岸近，一旦发生海损，除自救外，可迅速求援于港、岸或其他船舶，因此一般配备筏、浮具等救生设备，其乘员定额对船上总人数的百分比为100%～150%。渔船根据其作业渔场、船舶尺度的不同，其救生设备的配备要求也不同。

三、救生设备的存放

救生设备是船舶遇险时船员自救逃生的唯一保障，与人身安全息息相关。因此，救生设备在船舶上的布置与存放，其基本原则就是保证它的即刻可用性。例如，救生艇筏应存放在尽可能靠近起居和服务处所的地方，任一存放装置不得妨碍其他救生艇筏或救助艇的操作及乘员的集合和登乘；救生浮具应存放在避开高温的适当处所，能将其迅速抛投并自由漂浮，救生浮具叠置存放时，应以适当材料隔开，预防粘连；救生衣应存放在人员易于到达的地方并应有专用存放架，值班人员使用的救生衣分别存放在驾驶室、电报室和机舱等值班处所，存放位置应明显标示，等等。

第六节　航行及信号设备

渔船航行作业中，为了经常了解自己的航行方向、航行距离及所在位置，同时为了探测目标及水深等，必须借助一些仪器和仪表，也就是航行设备（更确切地讲是导航设备）。为了避免与其他船舶发生碰撞，需要一些能发出信号的仪器，即信号设备。航行及信号设备是保证船舶安全航行和作业的重要设备之一。

航行设备主要有航海罗经及自动操舵仪、无线电导航设备、速度和航程指示装置、测探设备、天文航海仪器、气象仪器及有关用具等。

信号设备的设置是通过人的感觉器官来接受信息内容,以达到航行中船舶能及时互相识别、避让、通信和救助。信号设备包括号灯、号型、号旗以及声响信号器具等。

一、雷达

利用电磁波探测目标的电子设备。发射电磁波对目标进行照射并接收其回波,由此获得目标至电磁波发射点的距离、距离变化率(径向速度)、方位、高度等信息。

二、罗经

罗经是一种测定方向基准的仪器,用于确定航向和观测物标方位。罗经分为磁罗经和电罗经两种,现代大型船舶通常都装有这两种罗经。磁罗经又称"磁罗盘",是一种测定方向基准的仪器,用于确定航向和观测物标方位。它是在中国古代的司南、指南针基础上逐步发展而成的。它是利用磁针受地磁作用稳定指北的特性制成的指示地理方向的仪器。

三、全球定位系统(GPS)

GPS 是英文 global positioning system(全球定位系统)的简称,而其中文简称为"球位系"。GPS 是 20 世纪 70 年代由美国陆、海、空三军联合研制的新一代空间卫星导航定位系统。其主要目的是为陆、海、空三大领域提供实时、全天候和全球性的导航服务。GPS 构成如下。

1)空间部分

GPS 的空间部分由 24 颗卫星(21 颗工作卫星,3 颗备用卫星)组成,它位于距地表 20200km 的上空,均匀分布在 6 个轨道面上(每个轨道面 4 颗),轨道倾角为 55°。卫星的分布使得在全球任何地方、任何时间都可观测到 4 颗以上的卫星。4 颗卫星中预存的导航信息的数据整合,可以精确确定地球上物体的位置。GPS 的卫星因为大气摩擦等问题,随着时间的推移,导航精度会逐渐降低。

2)地面控制系统

地面控制系统由监测站(monitor station)、主控制站(master monitor station)、地面天线(ground antenna)所组成,主控制站位于美国科罗拉多州斯普林斯市(Colorado Springs)。地面控制站负责收集由卫星传回的信息,并计算卫星星历、相对距离、大气校正等数据。

3)用户设备部分

用户设备部分即 GPS 信号接收机。其主要功能是能够捕获按一定卫星截止角所选择的待测卫星,并跟踪这些卫星的运行。当接收机捕获到跟踪的卫星信号后,就可测量出接收天线至卫星的伪距离和距离的变化率,解调出卫星轨道参数等数据。根据这些数据,接收机中的微处理计算机就可按定位解算的方法进行定位计算,计算出用户所在地理位置的经纬度、高度、速度、时间等信息。

思 考 题

1. 渔业船舶设备通常包括哪几类?
2. 舵的分类方法有哪些?
3. 锚设备的组成有哪些?
4. 常见的船用锚有哪几种?
5. 渔捞设备如何分类?
6. 渔船上常用的消防用品有哪些?
7. 船上救生设备布置与存放的基本原则是什么?

主要参考文献

陈龙, 贾复. 1996. 远洋拖网渔船的演变发展过程. 现代渔业信息, 11（3）: 1-6.

顾浩年. 1983. 渔用助渔和导航仪器的近况和展望. 海洋渔业, （6）: 284, 285-287.

郭仁达. 1983. 现代海洋渔船. 北京: 中国农业出版社.

国际船舶网. 2016. 我国首艘现代化渔业教学实习船投入使用 http://www.eworldship.com/html/2016/ NewShipUnderConstrunction_1119/122043.html [2020-12-04].

国际船舶网. 2018. 国内自主建造的最大超低温玻璃钢金枪鱼延绳钓船启航. http://www.eworldship.com/html/2018/OperatingShip_0716/141106.html [2020-12-05].

杭东. 2012. 渔船的眼睛. 海洋世界, 1: 68-69.

贺英杰. 1993. 渔船发展动向及节能型渔船. 水产科学, 12（3）: 7-10.

胡庆松, 王曼, 陈雷雷, 等. 2016. 我国远洋渔船现状及发展策略. 渔业现代化, 43（4）: 76-80.

胡幸鸣. 2002. 电机及拖动基础. 北京: 机械工业出版社.

黄硕林. 2005. 世界渔业资源的基本状况和渔船发展动态//2005 中国渔船技术发展论坛论文集. 广州: 中国学术期刊电子出版社.

贾复. 1987. 渔船基础知识. 北京: 中国农业出版社.

贾复. 1991. 世界海洋渔船的发展趋势. 水产科学, 10（4）: 29-32.

贾复. 1995. 世界海洋渔船发展动态. 现代渔业信息, （10）: 7-9.

贾复. 1996. 船舶原理与渔船结构. 北京: 中国农业出版社.

贾复. 1996. 延绳钓渔船的设计特点. 船舶工程, （2）: 24-27.

贾复, 钱鸿. 1987. 大中型拖网渔船尺度分析及其设计特点. 中国造船, （02）: 93-108.

贾复, 钱鸿. 1987. 围网渔船设计特点, （2）: 71-82.

蒋曼儒. 2009. 象山最大的拖网渔船于昨日下水. 中国宁波网（cnnb.com.cn）[2020-12-4].

姜贞宇. 2017. 我国首艘自主建造超低温金枪鱼运输船获出口备案注册. https://www.chinanews.com/cj/ 2017/08-21/8310099.shtml [2020-12-4].

康华光. 2000. 电子技术基础. 北京: 高等教育出版社.

黎静, 谭华. 2011. 电子助渔装备网位移及技术. 水雷战与舰船防护, 19（1）: 6-8.

李二和. 2008. 木板船是怎么诞生的. 百科知识, 23: 33-34.

李明. 2001. 世界渔船发展动向. 水产科学, 20（2）: 32-33.

刘洪亮, 刘小庆. 2018. 新型远洋渔业资源调查船"淞航"号电气设计. 中国水运, （7）: 79-81.

刘身利. 2010. 中国远洋渔业发展和渔船装备问题探讨. 渔业现代化, 37（6）: 66-69, 51.

马莉沙, 姜忠爱. 2007. 世界渔船发展概况. 华东交通大学学报, 24（1）: 49-52.

秦曾煌. 2009. 电工学（上册）——电工技术. 7 版. 北京: 高等教育出版社.

秦曾煌. 2009. 电工学（下册）——电子技术. 7 版. 北京: 高等教育出版社.

史际昌. 1999. 船舶电气. 大连: 大连海事大学出版社.

宋利明, 张福祥, 梁靖. 1998. 助渔导航仪器在中西太平洋金枪鱼延绳钓中的应用. 渔业现代化, （6）: 34-35.

孙旭清，何吉庆. 2005. 船舶电机与电气控制系统. 大连：大连海事大学出版社.

佟佟. 2018. 荣成好当家：首批四艘赴大西洋鱿钓船启航. http://news.zhixiaoren.com/20180119/ 67116.html. [2020-12-5].

王坚忍. 2017.【海上记忆】你知道餐盘里的鳕鱼，你不知道的中国第一艘远洋渔船"开创号"从上海开出. https://www.jfdaily.com/news/detail?id=47988 [2020-12-5].

王敬南. 1994. 中国古代渔船源、流的探讨. 中国航海，1：82-87.

王启友. 2000. 拖网作业对渔船性能的影响. 湛江海洋大学学报，20（4）：36-40.

翁维源. 1986. 目前世界渔船的发展趋势. 现代渔业信息，（9）：9.

解玉文，1990. 探鱼仪综述. 海洋渔业，（2）：85.

谢永和，赵丽萍. 2004. 渔船船体及船舶设备. 北京：海洋出版社.

徐皓，张建华，丁建乐，等. 2010. 国内外渔业装备与工程技术研究进展综述（续）. 渔业现代化，37（3）：1-5，19.

徐皓，赵新颖，刘晃，等. 2012. 我国海洋渔船发展策略研究. 渔业现代化，39（1）：1-5，10.

徐娟娟. 2009. "华盛渔加1号"——海上移动加工厂. 农业工程技术（农产品加工业），7：36-38.

薛涛. 2001. 电工基础. 北京：高等教育出版社.

严凌苓，陈婷，龙映均，等. 2013. 国内外水产品保鲜技术研究进展. 江西水产科技，（2）：38-41.

燕居怀，谭银朝. 2018. 船舶电力系统. 北京：北京理工大学出版社.

姚锦卫. 2011. 电工技术基础与技能. 北京：机械出版社.

袁士春. 2017. 不同材质渔船特点分析. 中国水产，2：99-103.

袁晓春. 2017. 漫话中国古船. 中国港口，（S2）：58-63.

曾鹏. 2013. 大型远洋拖网加工渔船鱼产品加工流水线控制系统设计. 浙江：浙江海洋学院.

张加强. 2020. 一个民族的另一个源头——从河姆渡遗址读江南文化的早春. 文化交流，（3）：4-8.

张梦欣. 2001. 电子技术基础. 北京：中国劳动社会保障出版社.

张瑜. 2018. 跨湖桥文化独木舟：世界上最古老的舟船. 中国三峡，2：9-13.

张祝利，王贤瑞，丁建乐. 2013. 国内外捕捞渔船碳减排技术发展状况. 渔业现代化，（2）：71-75.

郑春华，巩树奇，潘义川. 2016. 发展远洋渔业 远洋渔船设计改造先行. 科技展望，26（23）：90.

郑华耀. 2005. 船舶电气设备及系统. 大连：大连海事大学出版社.

中国船级社. 2002. 钢质内河船舶入级与建造规范. 北京：人民交通出版社.

中国船级社. 2017. 100吨级内陆渔政船. 中国船检，3：73-74.

中国海事服务中心. 2008. 船舶电气. 大连：大连海事大学出版社.